オールアバウト・ベースボール

日本野球150年の到達点と課題

早稲田大学スポーツナレッジ研究会 ［編］

創文企画

「All About Baseball」
〜思いのままに野球を語ろう

　連日、MLB（Major League Baseball）ロサンゼルス・エンゼルスの大谷翔平選手が新聞、テレビで取り上げられている。活躍できなかった日も、いや試合のない日でさえ、大谷選手の話で一日が始まる。

　かつて、MLB史上「最も偉大な選手」と称されたベーブこと、ジョージ・ハーマン・ルースは「大統領よりも全米でその名が知られた人物」とも言われた。大谷は、投げては球速160㌔を超えるストレートに大きく曲がるスイーパーを駆使して奪三振を積み重ねる主戦投手であり、打っても、高く弧を描いて打球をスタンドに運ぶ中軸打者である。「投打二刀流」の凄さは、いまベーブ・ルースの数々の偉業とともに語られ続けている。失礼ながら岸田文雄首相よりも遥かに日本国内でも、米国でもその名が知られる存在となった。

　日本ではプロ野球（日本野球機構：NPB ＝ Nippon Professional Baseball Organization.）の歴史は名選手とともに語られてきた。第二次世界大戦終戦直後、焼け跡からの復興は「赤バット」の川上哲治、「青バット」大下弘の活躍とともにあった。高度経済成長期の日本を象徴したのは「ミスタープロ野球」長嶋茂雄の華麗な走・攻・守にほかならない。日本が国民総生産（GNP）世界2位に躍進したころ、「一本足打法」王貞治は世界のホームラン王への階段を駆け上がっていた。やがて日本がG7、先進7か国政府間政治フォーラムのメンバーとして世界の中での地位を確立したころ、江川卓が社会現象となり、「K・K」桑田真澄・清原和博の時代を経て、松坂大輔の名で語られる「松坂世代」に。

　日本に「失われた10年、20年」と形容される経済停滞期が訪れ、2011年3月11日の東北大震災に代表される自然災害にも見舞われた。2022年初頭に発生した新型コロナウイルスの感染禍（COVID-19）によって、縮小均衡が日本を覆った。

　大谷翔平はそうした時代の閉塞感を打ち破った。野球というスポーツを通し、もう一度私たちに前を向く勇気を与えてくれる。「今日の大谷は…」という語らいで一日が始まることが習わしとなって、大谷は間違いなく時代を変えた。遠い未来、この「With COVID-19」「After COVID-19」の時代とともにその名が語られていくことだろう。

コロナ禍の間、活動できないままでいたスポーツナレッジ研究会は、「All About Baseball」をテーマに 2022 年から活動を再開した。代表世話人である武藤泰明の提案になるテーマは、じつは活動休止前に決めたものであった。日本社会に存在感を持つ「野球」「Baseball」を「All About」いかようにも切ってみようという趣旨であった。

　折しも 2019 年の NPB は福岡ソフトバンクホークスが日本シリーズで読売ジャイアンツを 4 勝 0 敗と圧倒、大谷は前年の MLB 新人王から故障に苦しみ、「二刀流」は封印していた。それから 3 年、同人の小林至、佐野慎輔を幹事にし、同じテーマを掲げて再開することになった。NPB は東京ヤクルトスワローズ、オリックス・バファローズが覇権を握り、大谷は二刀流を開花、野球の国・地域対抗戦「ワールド・ベースボール・クラシック：WBC=World Baseball Classic」の話題が盛り上がり始めた頃である。そして、2023 年春竣工を目指し、北海道日本ハムファイターズの新本拠地「エスコンフィールド HOKKAIDO」の建設工事が北海道北広島市で始まっていた。

　研究会のスピーカー、トップバッターはその北海道日本ハムが東京ドームから札幌ドームに本拠地を移したときの球団社長、藤井純一氏に登壇いただいた。移転した北海道に浸透を図っていく経営戦略は、今の「みせる」工夫に続く。

　続いて元高校球児で高校野球の指導者としても名をはせた同人の高柿健が「高校野球のフィールドマネジメント」と題し、経営学の観点から高校野球の価値とビジネスモデルを俎上に挙げた。そして、この種の勉強会では珍しく、独立リーグ関連の話題が 2 回続いた。日本海リーグ（当時日本海オセアンリーグ）の富山サンダーバーズ社長、永森茂氏が「球団経営の実情」を語り、BC リーグの運営会社ジャパン・ベースボール・マーケティング社長の村山哲二氏が「BC リーグの今と未来」と題し、今後の成長戦略を披露した。独立リーグが今後、生き残りをかけてプロ野球とどのような関係を構築していくのか、注目していきたい。

　小林は MLB のビジネスの動向を NPB との比較を交えて分析した。プロスポーツが巨大な市場をなしている欧米と、そうなってはいない日本。彼我の差はいつ、どこから生まれたのか？　小林は鋭くメスをいれる。そうした意味では日本はやっとビジネスを意識し、「みせる」ことに光を当て始めたのかもしれない。佐野はそうした「みせる」意識の萌芽は野球草創期にすでにあったと主張する。もっとも芽が育ち、果実をつけるのはまだ先だが…。

　元読売新聞社常務取締役事業担当で前読売巨人軍社長の久保博氏には、プロ野

球のみならずスポーツビジネスの構造を語ってもらった。久保氏は「フルスタジアム」とスタンドに「スポーツによる熱狂」を生み出す大事さを強調。「何も足さない、何も引かない」極意を語った。同人の西崎信男はプロ野球球団の決算公告を取り上げ、非公表の球団が少なくないことに言及、コーポレート・ガバナンスのあり方に問題を提起した。

　野球はさまざま、個人の視点でさまざまに語られる。野球界のできごと、人びとの思いを丹念に記録し、後世に伝えてきた。そんな野球の出版文化をリードしてきたのがベースボールマガジン社である。マスコミ人第1号として野球殿堂入りした故池田恒雄が1946年に創刊したベースボールマガジンはゴシップを排し、野球の素晴らしさを説いてきた。恒雄の次男、現社長の池田哲雄氏はITメディアの進出、活字文化の衰退、玉石混交の情報が跋扈する時代にあっても愚直なまでに野球報道の王道を守り続けている。創業の志は貫かれている。

　登壇したスピーカーに加えて同人の井上俊也は「働き方」という視点で「投手の登板」を斬ってみせ、武藤のスポーツマネジメント研究者の立場からの論考が書籍に命を吹き込み、筋を通した。みんながいろいろと野球を語り合う。「All About Baseball」の神髄である…

　この研究会は公益財団法人笹川スポーツ財団のご協力によって毎回、東京・赤坂の同財団会議室で開催された。また渡邉一利理事長のご理解のもと、同財団の財部憲治氏に事務局業務をお願いし、活動を支援して頂いた。書籍化にあたり、改めて深く感謝の意を捧げたい。

2023年水無月　佐野慎輔

オールアバウト・ベースボール
―日本野球 150 年の到達点と課題―

CONTENTS

1

北海道日本ハムファイターズの
マネージメント改革

藤井純一
立命館大学

1. 日本ハムのプロ野球球団買収から移転まで

1.1 日本ハムはなぜプロ野球球団を持ったか

　日本ハムは、元々は、業界3位の徳島ハムと、業界4位の鳥清ハムが1963年に合併し誕生した。本社は大阪市であったが、最大の消費地首都圏での知名度アップが必要であった。

　そこで、1974年に東映フライヤーズが前身の日拓ホームフライヤーズ（当時）を買収し、プロ野球に参入し、日本ハムファイターズが誕生した。フランチャイズは、すでにセリーグの読売ジャイアンツが使用していたが、後楽園球場（現東京ドーム）で首都圏球団として活動を開始した。

　当初は、食品会社が球団を持つことで、商品を納品している専門店、スーパー等から、一緒にブランドイメージがアップしたと喜ばれ、1981年リーグ後期優勝時には、日本全国で優勝セールが行われ消費者の皆様から喜ばれた。

1.2 日本ハム内の時代とともにおける変化

　時代が経つとともに、日本ハムのブランドイメージも上がり、2007年には、一兆円の売り上げ規模になり、合併当時は業界3位であったが、業界1位の企業に発展した。

　同業他社からは、プロ野球球団を持ったことが大きかったのではないかと言われている。しかし、社内では「当初の役割は達成したのでは」、「赤字垂れ流し球

団」とされていた。赤字分を広告宣伝費として補填しているが、この宣伝費を本来の商品広告に使用したほうが良いとの意見も出ていた。

　しかし、創業者の大社義規より、プロ野球球団を維持していくことは、参入した者の社会的責任である。維持していく方法を考えるようにとの意見が出た。

1.3　プロ野球球団を維持していくための移転

　プロ野球球団を維持していくためには、人気がなく収入の増加が見込めない、選手経費の高騰といった問題があるが、親会社からの赤字補填がなくても、自立運営していく必要がある。

　日本ハムは、ヤンマーと大阪でセレッソ大阪の運営に参画し、地域密着、スポーツビジネスの実践により黒字経営に転換させた実績を経験していた。プロ野球球団にも活用できないかと考え、まずは、全国を商圏とするのではなく、地域密着球団に転換できる道を探した。今までフランチャイズのない地を全国で探し、その中で、大都市で雪が降っても野球が出来る札幌ドームがある北海道に移転を決めた。2003 年東京ドーム最終年度は、約 50 億円近い赤字であった。

1.4　2004 年移転当初の球団状況

フロントの状況

1, 社員は今までと同じように親会社が赤字補填してくれるのでつぶれない、ファイターズの職員なのに日本ハムに入った気になっている。
2, 中小企業なのに大企業のように縦割り組織のため、他の部署の事には無関心。
3, 試合のある日はフロント社員も野球観戦が仕事と勘違いしている。
4, リーダーシップが取れる人材がいない。
5, 社内で、業績が開示されていない。

チームの状況：生ぬるいチーム体質

1, ファイターズに入ればなかなか首にならない。
2, プロ野球選手というだけでよい。2 軍でも好きな野球をして今の給料でよい
3, 契約更新時のデータ不足
4, 旧態としたスカウト活動
5, 強化部のプロ意識の欠如
　等が移転当初の状況であった。

2．スポーツビジネスへの転換とビジョンの設定

2.1 スポーツビジネスへの転換

　北海道日本ハムファイターズ誕生とともに、企業理念、経営理念、活動指針をスポーツ業界としては珍しく策定した。

- ・ 企業理念を「スポーツと生活が近くにある、心と体の健康をはぐくむコミュニティーを実現するために、地域社会の一員として地域社会との共生をはかる」を念頭に「Sports Community」に
- ・ 経営理念を、既成概念に縛られない、夢を持った挑戦を実践する「Challenge with Dream」に
- ・ 活動指針を、すべての活動にファンサービスを優先することを念頭に「Fan Service 1st」とした。

そして実践するために

- ・ チームは地域社会の皆様に夢や感動を与えるプレーを提供する
- ・ フロントは試合にとどまらず、スポーツコミュニティー実現のため地域社会との接点を積極的に創造する

などの活動の実施に向けた取り組みを共有した。

2.2 ビジョンの設定

　経営に対するビジョンを持ちそのビジョンを共有した組織を作る必要があった。ちなみに、ファイターズでは「地域の人々の必要な存在になる」ということを設定した。ビジョンを具現化するためには、球団に携わる全員がビジョンを共有する組織にする必要があった。

　1,トップから新入社員までが同じビジョンを持つことができる組織。

　2,新しいことに挑戦することに躊躇しない、既成概念をすてる組織。

　3,役職者も含め携わるすべての者がプレイングマネージャーである組織。

　4,チームワークでお互い助け合いながらの組織。

　5,お客様の方を向いた組織、権限を明確にした組織

を形づくることとした。

2.3 ビジョン達成のための組織改革と意識改革

　北海道日本ハムファイターズは、普通の株式会社、サービス業であることをめざした組織・意識改革として、社員は「野球競技に関わる仕事につかない」、「野球の観戦はしない」、「あくまでお客様に対してのサービスをする」事を明確にするため、会社組織を縦割り組織から、社員が情報の共有ができる横割り組織にし、担当の大幅な入れ替えを行いセクト主義の排除を行った。

　また、北海道日本ハムファイターズのために働きたい社員を増やすためプロパー化を実施し、中途採用者は北海道出身者とした。

2.4 ビジョン達成のためのチーム改革

　明確なチーム目標がなかったので、「常に優勝を争えるチームにし、3年に一度は優勝する」を目標とした。

　チームの強化方針は「スカウティングと育成で勝つ」すなわち、スカウトで獲得した選手をファームでコーチ陣が育成し、一軍で勝利に貢献できる選手にするという、選手供給サイクルの確立とした。

　そのために、生ぬるいチーム体質から、育成型チームへと改革をするため、
　・強化部にプロ意識を持った人の登用を行い
　・役割分担による責任の明確化を実施した。
　・これまでの勘と経験に頼る査定から定量的なデータによる査定の確立
　が必要であった。

　当時日本ではITをスポーツチームの経営に取り入れる動きはなかったが、公平な評価・査定のためにはデータの精度を上げる必要があり、そのためには、選手の力を客観的な数値で判断できるシステムが必要であり、日本のプロ野球チームで初めてデータシステムを開発し、「ベースボール　オペレーション　システム」と名付けた。選手の獲得や登用の基準は、すべてそのシステムの評価に基づくものであり、しかもその精度は極めて高いものであった。

　ちなみに、中田翔選手、大谷翔平選手もこのシステムの評価による指名である。

3. フロントスタッフの活性化に向けて

3.1 フロントスタッフの活性化

　フロントスタッフの活性化には、各人のモチベーションをどう上げるかが重要

である。社員の向上心アップが必要であり、要素として成功体験を味わう、褒められる等が考えられ、その為には、各人の目標を明確にする必要があった。

3.2 目標の明確化のための事業予算の策定

予算はあったが、本社に出すための予算であり、赤字が出ても親会社の補填があるので、実情と合った予算ではなかった。

2003 年東京最終年は、約 50 億円の赤字であったと前段で記した。つまり親会社補填が 50 億円である。親会社以外からは 20 億円の実収入があり、トータル 70 億円の費用で運営するという状況であった。

予算はおそらく 65 億円で親会社に出していた。当時、観客動員は非常に少ない状況の中、予算はおそらく、1 試合当たりの観客数を 3 万人で作っていたため、予算を社員におろしていなかった状況であったと思われる。

そこで、親会社からの赤字補填方式から、日本ハムは NO.1 スポンサーとの位置づけにし、新年度が始まる前にスポンサー料として 30 億円を入れてもらい、赤字補填はしない形に変更した。ただしすぐには赤字が解消できないので、中期 3 か年計画予算を作り 3 年目に黒字を目指す予算にした。

各部署に実行可能な予算を分配し、各部署に予算数字に対して責任を持たす形に変更した。予算達成のために、毎月実績数字を確認し検討をすることで、精度を毎年上げることが出来た。

3.3 モチベーションアップのための給与体系の変更

中期 3 か年計画が達成でき、黒字に転換できたのを契機に、給与体系を変更した。親会社からの指示で東京時代から使用していたのは年功序列型であったが、成果主義に変更した。狙いとしては、チームの成績や業績に関わらず、年功により資格等級や給与が上がる処遇構造を変え、頑張って成果を上げた人には、思い切って良い処遇を実践し報いることで、自ら成長し、顧客視点に立ち、成果を上げることや改革にチャレンジすることにこだわる社員が多く誕生することに期待した。

結果として、

・仕事の役割分担が明確になった

・担当以外の業務に対しても興味を持つようになった

・資格等級制度が明確になったので公平な評価が実施されたことにより、会社

が1つの組織になった
・若い人が上を目指すようになった
・ベンチャー企業意識を持つようになった
などの変化が芽生えた。

3.4 社員の研修制度の導入
　百聞は一見に如かず、MLB、NFL、NBA、独立リーグ等のマーケティング担

カブスでは全てのスタッフが同一の帽子、ウェアを着用していた。
図1　ウェアの統一性（シカゴ）

北海道日本ハムファイターズで実現出来る事

①球場内ドリンクカップをファイターズカラーに。現状は札幌ドームのマークが入ったカップを使用

ただ飲むだけのカップをファイターズ色を出すことにより、ファイターズ観戦の一つの楽しみにしてもらいたい。出来れば月代わり、シリーズ事に特別のカップを作ってコレクションにすると楽しい。

将来的に・・・ファイターズ売店を出店
メジャーでは主流となっている、ヘルメット型カップに入れてアイスクリームを販売したり、見て楽しく、味わって美味しい、ファイターズ観戦には欠かせない名物売店としたい。

HOKKAIDO NIPPON-HAM FIGHTERS

図2

当者のミーティング、各スポーツチームの視察を通じて、今のファンサービスに満足することなくさらに上を目指すための研修を実施。必ず、新事業、改善点を見つけてくることが求められる。(図1、2)

4. プロスポーツチームの事業

4.1 事業の方向性

　プロスポーツチームの事業収入は、試合収入、スポンサー収入、マーチャンダイジング収入、放映権収入、が4大収入と言われる。この4大収入にリンクするのが集客である。集客を会社の事業の第1の基本として取り組み、チーム成績、スター選手に頼らない、安定的な集客システムの確立が必要になる。集客が地域社会からの支持を得ているかのバロメーターになっているとも言えると思う。集客に向けたファンサービスの実施も必要である。

4.2 ファンクラブの活用

　ファンクラブは、安定的な集客に向けたコアファンの獲得と、リピート率アップを狙いとしている。2005年までは、1年ごとのファンクラブシステムだったが、2006年からは自動更新のシステムに変更した。チームの成績により会員の数の変化が少ないようにしたい。当初は、長期にわたり会員であればステータスが上がり、選手とのサイン会に参加、人気試合のチケットの優先販売などの特典がも

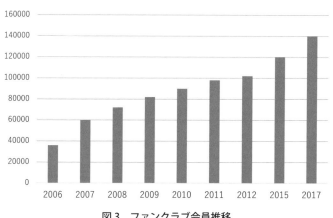

図3　ファンクラブ会員推移

らえるシステムにしたことで毎年会員数を増やすことが出来、2012 年には 10 万人を超えるファンクラブ（図3）になり、各試合来場者の 35％〜 40％がファンクラブ会員になっている。

4.3　集客イベントの実施

　2005 年まで球場が観客で満員になったことがなかったので、当時の新庄選手からサプライズ企画を行い、満員にしようとの提案があり、43000 人満員プロジェクトの実施を行った。新庄選手が札幌ドームの上から降りてきたり、選手がゴレンジャーになってくれたりし 3 試合満員にすることが出来、社員に自信がついた。（図 4、5）

図 4

図 5

4.4　イベント企画プロジェクトの実施

　イベントを実施すれば集客が伸びることを実感し、翌年からはプロジェクトチームを組み企画、実施をすることにした。目的は、喜ばれるファンサービスで集客予算の達成であり、今までの経験がないので、思いついたことは、何をしても良い。失敗しても良い、次やらなければよい。後悔しないように思い切りやる、を合言葉として取り組んだ。

　また、企画時の注意点としては、

・常に時代社会情勢に敏感な企画であること
・他社より早く、1 番最初でなければ意味がない
・他業種の成功事例を活用

・前年と同じ内容だと効果がない。

　事を明確にプロジェクトを企画した。プロジェクトには、事業関係のスタッフだけでなく全社のスタッフが参画し一丸となって取り組んだ。（図6）

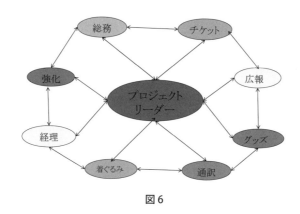

図6

年間6回イベントデーを設定し、

・開幕に合わせて、開幕シリーズ
・5月のこどもの日の連休に合わせて、ファミリーシリーズ
・父の日にちなみ、おやじナイト
・母の日に合わせて、乙女の祭典
・北海道にちなみ、We Love 北海道シリーズ
・夏休みに合わせて、夏休みシリーズ
・シーズン終了に、応援ありがとうシリーズ
を実施した。

　イベントを実施することで、平日で平均観客数 22,000 人が 28,000 人、休日で34,000 人が 40,000 人に増加する効果が見られた。

4.5　IT の活用によるお客様の見える化による集客

　お客様は、どこから、男性・女性どちらが多いのか、どの年代の人がご来場か、何回来場か等々、お客様が見える事による集客戦略を立案する。そのための IT開発を行った。

　プロスポーツチームとして初めて、自社でサイトでのチケットの販売をおこない、チケット購入時にはお客様情報を登録し、発券されたチケットには2次元バ

ーコードが印刷され、入場口でバーコードをスキャンすることにより、球団には、知りたいお客様情報を集約でき、営業活動に活用できた。また、サイトで販売を開始したことで、球団扱いのチケット販売率が上がり、コンビニ等での販売手数料の削減にもつながった。

それまで、チケット、スポンサー、マーチャンダイジング、ファンクラブ担当、等各部門がお客様情報を管理していたが、一括管理するシステムを開発しお客様の来場傾向（男女比、年齢別、地域別）等が把握でき販売戦略に活用するようになった。

観客動員数は 2005 年 136 万人から 2008 年には約 200 万人と安定した集客ができるようになった。（図 7）

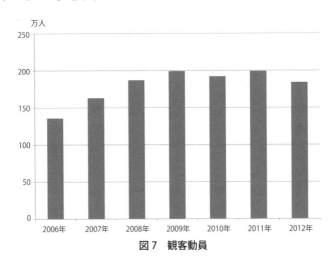

図 7　観客動員

4.6 TV 放映権施策

北海道日本ハムファイターズの映像制作は、北海道移転とともに、これまでのTV 局制作から変更し、自社で制作した映像を各局に使用してもらうようにした。それにより著作権も球団が持ち 2 次使用でもメリットが生まれた。

また、北海道で活動しているが、地理的なこともあり広大な面積を持った地域であり、札幌だけでなく、遠く、稚内、網走、釧路、帯広、函館等、なかなかスタジアムに来場観戦が困難な地域の皆様にも試合を通して、夢と感動を味わってもらうためには、TV が有効と考えた。そこで、各 TV 局に多くの中継をしてもらう必要があった。ファイターズは各 TV 局には、1 試合いくらという定額の放

映権料で販売していたが、各TV局もファイターズ戦の放映に対する予算もあり簡単には増やすことが出来なかった。（2005年は、道内で36試合の放映であった。）

　北海道でのホームゲームを全試合放映してもらうために、放映権料を放映数によりダンピングすることにした。1シーズン7試合までは定価、8試合目から10試合までは各2割引き、11試合以上は半額と設定したことで、2006年に優勝したためもあったが、それ以降ほぼ全試合道内放映になった。

　広い北海道ならでは、TV・メディアの力は大きかった。

4.7　マーチャンダイジングビジネスの改革

　ファイターズのマーチャンダイジングは、移転当時外注業者に商品開発から販売まで委託し売り上げに対しての歩率で利益としていた。自社での運営でないのでリスクはないが、利益も少ない状態であった。

　例えば、売り上げが4億円とした場合、委託であったら利益が4千万、すべて自社にすると粗利が1億6千万となるとすると、販売員の人件費などの経費を差し引いてもメリットがあると考え、自社運営に切り替えた。

4.8　スポンサー収入

　スポンサー獲得には苦労した。それは、札幌ドームの看板広告は札幌ドームがすべて販売権利を持っており、ファイターズは札幌ドームに費用を払い一部の場所（バックネット裏、カメラマン席）の販売しかできない状況であり、スポンサー収入が増やせないからであった。スポンサーには、ブランドイメージのアップ、知名度アップを目的としてスタジアム広告を出す企業と、自社商品の販売につながることを期待してスポンサー契約する企業とがある。担当者は、スポンサー契約企業には続けていただくような営業活動を求めた。

4.9　地域密着

　大きな地域密着として、移転に際し北海道の有力企業に株主になっていただいた。

　地域密着は、地域の皆様に夢や感動を与える、地域の方と一緒に活動する、地域の人が同じ話題で集まる、地域の発展のために活動するということである。

　前段で記したように、ファイターズのビジョンは、地域の方々の必要財になること、つまりファイターズが地域の人たちにとってなくてはならない存在になる

ことである。しかし、ファイターズは、地域の皆様から望まれて北海道に移転したわけではなく、当初はなぜ、ジャイアンツじゃないのと言われていた。

　Ｊリーグの浦和レッズは浦和の市民、企業、多くの人から浦和にと熱望されて移転誕生したので、やはり他のチームに比べて地域からの支持はNo.1と言える。ファイターズも地域の人々から地表から湧き出るような支持を得るための活動を開始した。移転当初は、選手たちが北海道各地を回る活動をし、監督のヒルマンは、札幌駅で1千枚のサインをした。

　加えて、

- ・選手の学校訪問
- ・選手の地方でのサイン会
- ・少年野球教室の開催
- ・ファイターズカップ　少年野球大会の開催
- ・着ぐるみによる幼稚園訪問、地域訪問
- ・ダンスアカデミーの開催（札幌・旭川）
- ・1軍の地方開催（旭川・函館・帯広）
- ・2軍の地方開催（稚内・遠軽・芦別・苫小牧・黒松内・新十津川・等）
- ・ファイターズエコプロジェクトの実施（千歳）
- ・ファイターズ農園の開設（恵庭）
- ・少年野球場の設置（南幌）

等を実施した。

　選手のサイン会は選手がペアで1泊2日にて全道12か所を訪問し各地域のファンとふれあい2日で1千枚の色紙にサインをした。また2軍の地方開催は、各地域と連携しコミュニティーの集まりにしてもらい、スポーツがコミュニティー実現になるような活動を実施した。

5. 総括

- ・全社的に活力が出て元気な会社になった。
- ・チームとフロントの一体感が生まれた。
- ・社員自身がファイターズであるという意識で仕事にあたるようになった。
- ・お客様に常に喜んでいただける、ファンファーストで行動するようになった。
- ・他の人に頼るのではなく、自分自身で行動するようになった。

このお陰で会社の売り上げは、2003 年の 20 億円から 2010 年 102 億円に伸びた。

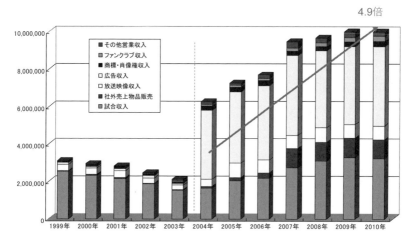

2003年の売上約21億円を起点とした場合、 2010年の約102億円まで約4.9倍になっている。

図8　ファイターズの収入の推移

高校野球のナラティブによる価値形成
―フィールドマネジメント 4.0 に求められる無形資産とは―

高柿　健
城西大学

1.　はじめに

　現代企業の競争力は有形資産から無形資産へと転換されている。無形資産とはスキル、ノウハウ、ブランド、企業文化、知的財産などであるが、これらを生み出すのが人的資本である。これまで人材は「人的資源（Human Resources）」として管理され、消費コストの対象とされてきた。しかし、急速な価値変化をともなう情報デジタル化時代では持続的な企業価値ドライバーの「人的資本（Human Capital）」として、投資対象とされている。

　2023年3月、野球日本代表（通称「侍ジャパン」）はワールド・ベースボール・クラシック（以下WBC2023）で世界一に輝いた。このチームを率いた栗山英樹監督は選手に寄り添い、信頼関係を構築するとともに、相互主観の対話ができる心理的安全な環境づくりによって選手の力を引き出した。投打でチームを牽引し、大会MVPに輝いた大谷翔平選手（ロサンゼルス・エンゼルス）は栗山監督が日本ハムファイターズ監督時代にドラフト指名して、ともに投打二刀流の夢を追いかけた選手である。ある意味、WBC2023の優勝は、大谷翔平という規格外の人的資本を長期ビジョンで育成（支援）した投資の成果ということができる。

　人的資本は経験や物語り（ナラティブ）によってその価値を大きく変えていく。大谷選手やダルビッシュ有投手（サンディエゴ・パドレス）をはじめ、侍ジャパンのメンバーが発揮した献身的なチームマインドの基盤は、彼らがかつて経験した高校野球のナラティブによって価値形成されたものではないだろうか。本稿で

は、変革期にある高校野球の中で失ってはならない文化的価値が何であるかを変遷史から読み解き、WBC2023の栗山監督のリーダーシップ、チームマネジメントを参考にして、これからの高校野球チームに求められるフィールドマネジメント（4.0）とは何かを考察していく。

2. 高校野球の制度改革
―ローカル・スタンダードとして変えてはならないもの―

　近年、スポーツ現場の伝統的な慣習や体質がマスコミやSNSの社会的俎上に載せられ、一般価値で裁かれている。こうした流れの中、旧態依然と言われる高校野球もアスリート・ファースト、アスリート・センタードの観点から制度改革（タイブレーク制[1]、球数制限、休養日、継続試合、ベンチ入りメンバーの増員、クーリングタイム[2]、低反発バットの導入など）が進められている。

　1998年の第80回選手権大会準々決勝でPL学園と対戦した横浜・松坂大輔投手は延長17回で250球を投じた（延長18回制）。これが契機となり、延長戦は15回制、13回制と短縮されて現在は10回からのタイブレーク制となった。第100回選手権大会（2018年）では公立校である金足農業（秋田）が決勝戦に進出するも、ひとりエースの吉田輝星投手が連戦連投（881球）で疲弊し、大阪桐蔭に2－13の大差で敗退した。そこで休養日が増やされ、投手の球数制限が実施されることとなった。

　こうした中、2019年夏、最速160km/hを誇る岩手・大船渡高の佐々木朗希投手（現千葉ロッテマリーンズ）の甲子園を懸けた決勝戦での登板回避問題が生じた。大船渡高の監督は連投による故障を防ぐ理由で佐々木投手の登板回避を決断し、チームは大差で敗退した。一見すると「チーム」よりも「個」の将来性（育成）を優先したように見える決断の賛否は選手酷使問題へと議論の射程を拡げ、甲子園の絶対的価値を揺るがすものとなった。この身体の育成価値の「ゆらぎ」は角度を変えれば、これまで頑なに守られてきた高校野球のローカル・スタンダードと現代スポーツのグローバル・スタンダードの価値対立の顕在化としてとらえることができる。

　佐々木投手のプロ野球での完全試合達成（2022年）やWBC2023の活躍を見れば、高校野球での個に応じた身体の育成価値を高めていかなければならないことは確かである。しかし、同時にWBCでのチームの責任感や一体感を見る限り、

ダルビッシュ有投手や大谷選手らが高校野球で経験した利他的な「集団」価値（無形資産）も勝因として忘れてはならないだろう。

　科学的トレーニングの進展によって日本人の身体的能力は明らかに向上した。投手力と長打力で制した WBC の戦いぶりをみてもメジャーリーガーと遜色ないパワーが身についている。これは情報化によってアンダーカテゴリーからの適切な育成トレーニングが普及した成果と言える。ただし、今後の世界大会ではメジャー一流投手や身体のポテンシャルが高い野球振興国との対戦を想定しておかなければならない。その際の勝負の拠り所として、パワーだけでなく、これまで高校野球の土壌で培ってきたチームで取る 1 点、チームで守る 1 点にこだわった「利他」の遺伝子は組み替えてはならないのではないだろうか。

3.　高校野球の価値形成　—FM1.0 ～ 3.0—

　スポーツのマネジメントにはプロスポーツ球団などのビジネスマネジメントと勝利に向けたチーム組織を中心としたフィールドマネジメント（以下 FM）がある。ここでは後者の FM と高校野球のイデオロギーの変化について見ていくことにする。高校野球は武士道的価値を始発点とした伝統競技であるが、近年のスポーツ的価値との乖離から今、その在り方が問われている（FM1.0 から FM4.0 の定義は高柿（2018—2019）を採用）。

3.1　FM1.0「武士道野球の成り立ち」

　1872 年（明治 5 年）に我が国に伝えられた「ベースボール」は第一高等中学校（以下一高）で日本独自の「野球」へと変換された。野球が日本文化に受け入れられるためには、武道と同等の人間修養的価値が必要であった。そのため一高ではエリート学生の育成手段として勝利至上主義、鍛錬主義、集団主義が掲げられ、身体的快楽を表現することが戒められた。ロバート・ホワイティングはこのスタイルを「野球武士道」と呼んだ（Whiting, R.（1977））。

「学生野球の父」と呼ばれた早稲田大学野球部初代監督・飛田穂洲氏は「日本の学生野球精神の発祥地は第一高等学校の校庭である」として、一球専心・一打入魂の精神を全国の中等学校（現在の高等学校）に広めた。

　1915 年（大正 4 年）に開催された第 1 回全国中等学校優勝野球大会では「凡てを正しく、模範的に」をモットーとして、本塁上での整列・挨拶が儀礼化され

た。1938 年の第 24 回大会では「我等ハ武士道ノ精神ニ則リ…」とその武士道的価値が選手宣誓されている（掛川中（静岡）村松幸雄主将）。当時の中学野球では「犠牲精神」と最後まで諦めない「敢闘精神」がマスコミによって美化され、「教育の一環」として逸脱行為（不祥事）は厳しく指導された。その基準となったのが 1950 年（昭和 25 年）に制定された日本学生野球憲章である（図表 1 参照）。

戦時中、日本では集団的イデオロギーであった武士道精神が歪曲されてしまい、非合理な精神至上主義が肥大化した。加えて、戦後、退役軍人がスポーツ指導者になったことで過度な礼儀主義、体罰、犠牲的集団主義、練習万能論、坊主頭といった軍隊様式が野球に持ち込まれてしまった。

さらに、1964 年の東京オリンピックで全日本女子バレーチーム（通称「東洋の魔女」）の大松博文監督が精神・鍛錬主義を貫いて金メダルを獲得したため、「根性論」が日本のスポーツ界に根づくこととなった。当時はスポ根アニメ[3]も流行し、身体の酷使シーンが多く描かれた。この弱者が困難を克服するストーリーが高度成長期の日本人のガンバリズムにマッチしたのである。

図表 1　日本学生野球憲章前文（平成 29 年 2 月 27 日改正）

　国民が等しく教育を受ける権利をもつことは憲法が保障するところであり、学生野球は、この権利を実現すべき学校教育の一環として位置づけられる。この意味で、学生野球は経済的な対価を求めず、心と身体を鍛える場である。

　学生野球は、各校がそれぞれの教育理念に立って行う教育活動の一環として展開されることを基礎として、他校との試合や大会への参加等の交流を通じて、一層普遍的な教育的意味をもつものとなる。学生野球は、地域的組織および全国規模の組織を結成して、このような交流の枠組みを作り上げてきた……（以下省略）。

3.2 FM2.0「破壊的イノベーションによる"個"の萌芽」

1974 年に耐久性の課題から金属バットが導入されると、徳島・池田高のパワー野球のように伝統的スタイルから脱して合理的、科学的な野球に取り組むチームが現れた。これが FM2.0 の兆しである。

池田・蔦文也監督がいち早く導入した筋力トレーニングは「やまびこ打線」をつくり上げ、それまでの高校野球 FM1.0 を一蹴した。第 64 回選手権大会決勝（1982年）では FM1.0 の象徴的なチームである広島商業を 12―2 で破り、ビッグボール[4]への転換を印象づけることになった。池田の巻き起こしたパワー野球の波はその

後、帝京や智辯和歌山といった強打のチーム形成に影響を与え、選手個々にのびのびとプレーさせるスタイルが高校野球の新たな型として創出された。

同時期に取手二、常総学院（ともに茨城）を全国優勝に導いた木内幸男監督の「型（セオリー）」にはまらない柔軟な采配、通称「木内マジック」も「個」に応じたそれまでにないスタイルであった。FM1.0 で形づくられた高校野球の戦術スタイルは金属バットという破壊的イノベーションをきっかけに「個」の勝負がクローズアップされはじめ、合理性を求めるマネジメントスタイル（FM2.0）へと移行することになったのである。

3.3 FM3.0「高校野球価値の多様化―能力主義―」

1990 年代に入ると運動生理学、バイオメカニクス、心理学などの分野での研究が進み、身体器官の課題が次々と解き明かされ、より科学的根拠（エビデンス）が重視される野球へと転換された（Evidence Based Baseball）。かつての「肩を冷やすな」「水は飲むな」といった主観・精神的な定説は一気に覆され、高校野球は客観的な「個」の能力時代（FM3.0）へと突入していくことになった。進化した科学的トレーニングは高校生の身体を大きくし、松井秀喜選手や松坂大輔投手のような驚異的な打球や投球を生み出す大型選手を育成しやすくしたのである。

FM3.0 時代では、こうした能力の高い選手を有する私学強豪校（能力型チーム）が明らかに優勢となった。1990 年代以降の甲子園大会（春夏合計 60 回超）で公立校の優勝校はわずか 5 校[5] しかなく、2010 年以降は 1 度もない。甲子園常連校から多くのプロ野球選手が輩出されていることからも能力型優位の状況がうかがえる。一方で、強豪校はより多くの部員を抱えるようになったが、チーム内での熾烈な競争関係と「個」の価値の多様化によって、チーム優先の支配的な「犠牲」のマネジメントは許容されにくくなった。甲子園をシンボルとした絶対的価値がゆらぎ、不条理な物語りからの逸脱が生まれはじめたのである。

4. 高校野球の FM4.0

4.1 高校野球の目的トライアングル

野茂英雄投手やイチロー選手といったパイオニアの功績によって、野球人のキャリアは一段上乗せされた。目標（目的）が積み上がれば、前段の目標（目的）は手段へと変わる。日本のプロ野球（NPB）を目標にしていた高校球界の精鋭は

今やそれを手段と考え、メジャーリーグ（MLB）での活躍を夢見るようになった。ここまでのキャリアを考えれば、高校野球は手段の手段という位置づけになるが、その道を最後まで歩めるのはごく僅かな選手であることは理解しておかなければならない。今後の野球界の発展を考えるならば、それぞれのカテゴリーでの目的を明確にして、その段階での価値を意味づけながら取り組んでいく必要があるだろう。

　高校野球の目的は長らく「勝利（甲子園）」と「人格陶冶（教育）」の信念対立を課題としてきた。現代はそれに「将来性」の新たなパラメーターが加わり、トライアングルを形成している。図表2の左辺①は武士道野球の志向を、右辺②はスポーツ野球の志向を、底辺③は犠牲の志向を表している。個の犠牲が過度に大きくなれば、選手の将来性は失われてしまう。しかし、2019年のラグビー・ワールドカップ・日本大会でベスト8に進出した日本代表選手がインタビューで、度々「犠牲」の言葉を口にしたように犠牲心が個人と集団の強いメンタリティと人格陶冶に作用していることは否定できない。

　武士道野球とスポーツ野球の互いのスタイルへの固執は方法の自己目的化を招いてしまうため、トライアングルのバランスを崩してしまう。高校野球の発展（意義・目的）のためには、もう一辺の③犠牲の志向をいかに肯定的にマネジメントしていくかを考えていかなければならない。これがFM4.0の課題である。

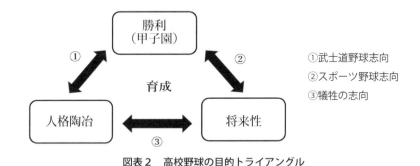

①武士道野球志向
②スポーツ野球志向
③犠牲の志向

図表2　高校野球の目的トライアングル

4.2 FM4.0のイデオロギーに応じたリーダーシップスタイルとは

　高校野球がチーム（集団）競技であることを前提としつつ、その背後にあるイデオロギーを極論的に考えてみる。「利他」をチームのため、「利己」を自己のため、「集団主義」をチーム力、「個人主義」を個の力と仮定する。そうすると、個を埋

没させ、全てにチームを優先することで個の総和以上のものが生み出せる（ゲシュタルト概念）とするFM1.0は「利他的集団主義」といえる。個の価値が芽生えるもチームへの貢献が優先されるFM2.0は「利他的個人主義」であり、個の力の総和がチーム力と同等であるとして、個の力の伸長を優先するFM3.0は「利己的集団主義」といえるのではないだろうか（図表3参照）。

　ここで危惧すべきは高校野球がこの先、個の「将来性」の価値に偏り過ぎて「利己的個人主義」の道を歩むことになれば、チームの一員としての学び（強みとなる付加価値）は生まれにくくなるということである。WBC2026以降に侍ジャパンのメンバー入りが期待される令和の高校球児の育成マネジメントはこうした信念対立の岐路に立っているといえるだろう。

図表3　マネジメント型とイデオロギー

フィールド・マネジメント	イデオロギー
1.0（明治期〜昭和前期）	利他的集団主義
2.0（昭和後期）	利他的個人主義
3.0（平成期）	利己的集団主義
4.0（令和期）	利己的個人主義？

　WBC2023侍ジャパンの精神的支柱となったダルビッシュ投手が「チームワークは絶対に大会ナンバーワン。お互いを支え合えたところが一番の強さだと思う」とチームの強みを語っているが、栗山監督はトップ選手による個性派チームの一体感をいかにしてつくり上げたのだろうか。

　これまでの高校野球では選手の成熟度に関わらず、実績のある指導者がカリスマ性を武器にトップダウンで指導する場面が多く見られた。しかし、栗山監督（リーダー）の選手実績は明らかにメンバー選手（フォロワー）よりも劣っていた。これは海外での選手経験がなく、2022年サッカー・ワールドカップ・カタール大会で日本代表チームの監督を務めた森保一監督と同様であった。両監督のリーダーシップやチームマネジメントはスキルやナレッジの情報が容易に手に入る時代に、経験価値の高い有能なフォロワーに対し、リーダーがどのように振舞うべきかの指針になるはずである。

　では次に、フォロワーのキャリア（成熟度）に応じたリーダーシップ理論を紹介していく。

4.3 成熟度に応じたリーダーシップ —SL 理論—

　Hersey, P. and Blanchard, K.H.（1977）によって提唱された SL 理論（Situational Leadership Theory）は、リーダーの置かれた状況によってリーダーシップスタイルは異なるとした状況適合理論の一つである。この理論ではフォロワーの成熟度に応じたリーダーシップ行動を「指示（主導）的行動」と「協労（支援）的行動」の 2 次元の高低 2 水準で分類している（図表 4 参照）。

　SL 理論では成熟度を「特定の課題に対するフォロワーの意欲と能力の程度」と定義しており、それが低い場合は「S1 教示的」、やや低い場合は「S2 説得的」、やや成熟してきた場合は「S3 参加的」、高い場合は「S4 委任的」リーダーシップが適合すると考えている。高校野球のチームでは成長段階に応じて S1 から S4 のすべての型が考えられるが、侍ジャパンのようなトップの選抜選手で構成されたチームは S3 と S4 の領域でのリーダーシップ型が適合する。

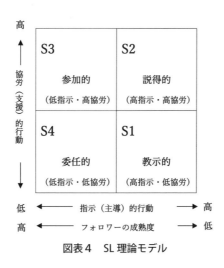

図表 4　SL 理論モデル

4.4 サーバント・リーダーシップ　—支援型—

　状況適合理論をコンセプト化したものに「サーバント（支援型）」リーダーシップがある。栗山、森保両監督が実践したリーダーシップはこのスタイルといえる。サーバント・リーダーシップは 1977 年に Robert Greenleaf によって提唱された理論でリーダーが自己や組織よりもフォロワーの成長や発達を優先して奉仕、支援して導いていくリーダーシップ[6]である。このリーダーシップの根底にあ

る利他的な信念がフォロワーとの信頼関係を築き、チームワークなどの向組織的な態度と行動を発揮させ、組織パフォーマンスに対するポジティブなアウトカムが生み出される（Eva et al.（2019））。

　フォロワーの成長に向けた環境づくり（支援）をしつつ、エンパワーメント（権限移譲）によって「信頼」の交換関係を構築していくサーバント・リーダーシップは SL 理論でいえば成熟度の高い S3（参加型）、S4（委任型）のメンバーに対するスタイルということができるだろう。

　絶対的な権力で指示・命令する支配型リーダーシップが主流であった 1986 年の第 68 回選手権大会で天理高（奈良）の橋本武徳監督は、選手の自主性を重んじたスタイルでチームを全国優勝に導いた。当時主将であった中村良二氏はプロ野球を経験後、現在、天理高の監督を務めているが、「環境をつくるのが指導者の役割」として支援型スタイルを継承している。中村監督は自身が結果の責任を負いつつも、背番号などのチームの重要事項を選手に決めさせるなどエンパワーメントして主体性を育み、甲子園大会で上位進出を果たしている。

5. チーム・アーキテクチャの変化

5.1「モジュラー型」チームの統合
　2023 年の第 95 回選抜大会で初優勝を飾った山梨学院の林謙吾投手は 6 試合すべてに先発して 4 試合を完投した。山梨学院はかつてのエースを中心に擦り合わせてつくる統合型チームを体現して勝利したのである。しかし、球数制限やベンチ入り人数の増加等の制度改革に即して考えるならば、FM4.0 時代のチーム設計は 2022 年の第 104 回選手権大会を制した仙台育英のように複数投手で積極的継投ができる分業型チームへとデザイン変更されていくだろう。

　ものづくりを例とするならば、自動車のような「インテグラル型（擦り合わせ）」からパソコンのような「モジュラー型（組み合わせ）」へと、その「アーキテクチャ」が変更されていくのである。こうした「個」の時代への変化を考えれば、リーダーは組み合わせによる組織デザイン力が求められることになる。

　本来、インテグラル型は「信頼性」が、モジュラー型は「互換性」が武器となるが、WBC2023 の侍ジャパン・栗山監督はその両方の強みを発揮させた。「野球発祥の地でアメリカチームに勝って世界一になる」このゴールシークから選考されたメンバー（モジュラー型）は、高い互換性によって多層なプランニングとリ

スクマネジメントを実現した。その結果、チームは想定したビクトリーロードから大きく外れることはなかった。栗山監督はチームにキャプテンを置かないシェアドリーダー制[7]とエンパワーメントによってモジュラー型に主体性を植え付けた。その一方で、「試合の勝ち負けには、昔からある『こころのつながり』や『チームの魂』みたいなものが、すごく影響を与えている」（栗山（2013））として、「信頼」の交換関係から貢献心（献身性）を高め、チームを統合したのである（インテグラル型）。

五百蔵（2023）によれば、サッカー・ワールドカップ・カタール大会でベスト16入りを果たした森保監督のチームづくりは、プレー原則やゲーム戦略による「大きな枠組み」と「委任戦術」が柱であった。この「大きな枠組み」にはチームの強みやアイデンティティが詰め込まれており、選手が変化に対応できるように設計されていた。

もう一つの「委任戦術」はエンパワーメントのことであり、ピッチ上の問題を選手自らが解決できるよう期待されていた。野球とサッカーでは試合での自由度の違いはあるが、リーダーが価値の枠組み（プラットフォーム）をつくり、メンバーの相互作用を促す点は共通している。こうしたダイナミズムを誘発する組織構造にビジネス界で注目されている「エコシステム」がある。高校野球チームも組織文化的な枠組みの中で互いに補完・連携している組織であり、生態系と同じく運命共同体といえる。

5.2 ベースボール・エコシステム

環境変化の中、動植物は生態系（エコシステム）という連鎖システムによって生き延びている。例えば、沿岸生物にとって海草は生息条件の一つとなるが、ウニはこれを食べてしまう。ここで期待されるのがウニを捕食するラッコの存在である。このラッコのようにエコシステムの維持に重要な役割を担い、「系」を活性化する種を「キーストーン」という。

このエコシステムを高校野球組織に援用して、マクロ視点でとらえたものが図表5である。このマクロ・エコシステムではチームがキーストーンとなり、外部機関と連携・補完関係を構築している。このキーストーンである「チーム」自体を一つのエコシステムとして、入れ子構造でとらえたものがミクロ・エコシステムである。そこでは監督や中心選手が「キーストーン」となり、チーム内の「競争と協調」のバランスをとる。WBC2023では栗山監督やダルビッシュ投手、大

谷選手がこのキーストーンの役割を担っていたのである。

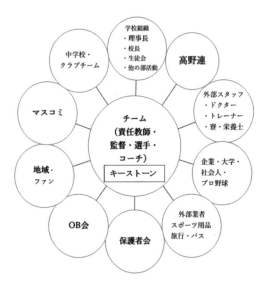

図表 5　高校野球の（マクロ）エコシステム

　従来の高校野球ではレギュラー獲得の競争はある時点で「チームワーク」、「自己犠牲（貢献）」といった協調関係に取り込まれ、教育の環の中で意味づけられる。ところが、選手の利己的価値が強くなれば、こうしたチームの恒常機能は干渉されてしまう。今後の高校野球を利己的個人主義の道へと歩ませないためには、キーストーンによる「利他」の価値共有と未来に向けたナラティブによってメンバーを惹きつけ、ベースボール・エコシステムの堅牢性を高めていくことが求められる。

5.3　ナラティブを構想する力

　構想力とは、多様な直観を綜合して 1 つの形象を生み出していくプロセスであり、その綜合の過程は物語り的（ナラティブ）なものである。これは論理的なものばかりでなく、常識外れと言われようとも未来に対して実践者がみずから選び取る行為の経路であり、それに向かう意思とプロセスが肝心となる（野中ほか（2018））。

　大谷選手の投打二刀流もこれまでの監督との相互主観の構想（Narrative based

Baseball）によって実現されたといっていい。選手の主観から生み出された構想はリーダーとの対話・コミュニケーションで客観的視点を得ることになる。この相互主観のやり取りが構想の実現可能性を高めていく。特に可能性を秘めた高校生の育成には既成概念にとらわれない未来志向のナラティブが必要となるだろう。

栗山監督は大谷選手に「優勝するための二刀流でなければならない」とその価値を言い続けたが、これは個が持つ主観（夢）が組織やチームに受け入れられてこそ、実現性の高い大きな主観となるためである。この相互主観によるスパイラルアップの物語を描き、支援（サーバント）するのが FM4.0 のリーダーの役割なのではないだろうか。

6. おわりに

野球の監督と選手の関係はある面、プリンシパル（依頼人）―エージェント（代理人）関係と捉えることができる。過剰に「個」が強調されて利己（機会主義）的な選手が増えれば、エージェンシー・スラック[8]が生じてしまう。こうなるとチームとしての強み（付加価値）は発揮しにくくなる。分業のモジュラー型組織ではこうした課題は覚悟しておかなければならない。

WBC2023 では利己的集団主義（FM3.0）で育った機能的価値の高い選手たちに栗山監督が自ら「利他」の情緒的価値を実践・浸透させることでチームのプラットフォームを創り出した。これにケガをしても戦い続けた源田壮亮選手や唯一の WBC 優勝経験者（2009 年）として先人の思いを繋ぎ、経験をチームに還元したダルビッシュ投手らの責任感が加わったことでチームに機能・情緒・経験の価値共創が生まれた。これは FM4.0 の大きなヒントとなる。

選手のチームへの情緒的コミットメントが高まれば、ネガティブな主観の「犠牲」はポジティブな客観の「貢献」へと変わるだろう。監督は「世界一奪還」の熱いナラティブのような相互主観の構想を選手と共に紡ぎ、共感できるプラットフォームをデザインして、信頼の相互エージェント関係を築いていかなければならない。FM4.0 では、やはり日本野球の無形資産である「利他」が価値ドライバーとなりそうである。

【注】

1) 規定の回で勝敗がつかなかった場合に互いに得点の入りやすい無死一二塁から攻撃する制度。

2) 夏の甲子園大会の暑さ対策のため、各試合の 5 回終了後にグラウンド整備を含めて 10 分間、選手の身体冷却や水分補強などを行う時間。

3) スポーツと根性を合成した「スポーツ根性もの」のアニメ（「巨人の星」、「アタックNo1」など）。

4) アウトの生産性をテーマにするスモールボールに対して、ビッグボールはバントなどによるアウトは非生産的なものと考え、出塁率や四球、長打力を高く評価する野球スタイル。

5) 佐賀商（1994 夏）、観音寺中央（1995 春）、松山商（1996 夏）、佐賀北（2007 年夏）、清峰（2009 年春）

6) NPO 法人・日本サーバント・リーダーシップ協会はスピアーズによるサーバント・リーダーの属性として、①傾聴、②共感、③癒し、④気づき、⑤説得、⑥概念化、⑦先見力、予見力、⑧執事役、⑨人々の成長に関わる、⑩コミュニティづくりを挙げている。

7) 組織（チーム）に所属する全員がリーダーシップを発揮できるようにする共有型リーダーのスタイル。

8) エージェントがプリンシパルの意に反して自らの利益を優先した行動をとってしまうこと。

【引用・参考文献】

Eva, N., Robin, M., Sendjaya, S., van Dierendonck, D. & Liden, R. C. (2019) *Servant leadership: A systematic review and call for future research.* The Leadership Quarterly, 30 (1).

Greenleaf, R. (1977) *Servant Leadership.* Paulist Press.

Hersey, P. and Blanchard, K.H. (1977) *Management of organizational behavior*, Englewood Cliffs.

Iansiti, M. and Levien, R. (2004) *The Keystone Advantage: What The New Dynamics of Business Ecosystems Mean for Strategy, Innovation and Sustainability*, Harvard Business School Press.

Whiting, R. (1977) *The Chrysanthemum and The Bat: The game Japanese play*, Dodd-Mead.

栗山英樹（2013）『伝える―言葉より強い武器はない―』KK ベストセラーズ.

五百蔵容（2023）『森保ストラテジー　サッカー最強国撃破への長き物語』星海社.

坂上康博（2001）『にっぽん野球の系譜学』青弓社.

清水諭（1998）『甲子園野球のアルケオロジー』新評論.

高柿健（2018 − 2019）「勝者のインテリジェンス：ジャイアントキリングを可能にする論理学」『ベースボールクリニック』第 29 巻第 7 号―第 30 巻 12 号，ベースボールマガジン社.

高柿健（2020）「高校野球フィールドマネジメント 4.0―「武士道野球」と「スポーツ野球」の信念対立の克服を目指して―」『城西大学経営紀要』16，145-155.

野中郁次郎・紺野登（2018）『構想力方法論』日経 BP.

3

富山サンダーバーズが目指すもの
―球団史が物語る独立リーグ苦闘の歩み―

永森　茂
富山サンダーバーズベースボールクラブ代表取締役社長

1. BC リーグ、そして富山サンダーバーズの誕生

　日本に初めて「独立リーグ」と名乗るプロ野球のリーグができたのは、2005年四国アイランドリーグ（四国 IL）からになります。当時、経済情勢の悪化により社会人野球チームが減少したこともあり、あらたな野球を続ける場を作ろうとして結成されました。当初は、日本プロ野球機構（NPB）をめざす選手の育成を最優先したものの、地域との繋がりを十分に築けず経営に苦労していました。

　四国 IL が設立されてから 2 年、2006 年の 6 月ごろだったでしょうか、私が IT関連の会社を創設する前に勤めていた会社で上司だった方から電話がありました。

「永森さん、ちょっと面白い話があるので来てくれないか？」

　なんだろうと思いながら、尊敬する先輩からの電話でもあり、すぐに伺いました。行ってみるとそこには初めて会う方がおられ、名刺をいただくと「富山球団設立準備室」の室長と記されていました。

　この時は、独立リーグの球団に関わるとも、まさか私自身が社長になるとは思ってもいませんでしたが、これがすべての始まりとなりました。

　私の元上司の方は富山県の野球をリードする県立富山商業高校野球部出身で、春夏連続甲子園に出場し、同校の歴史の中で最強と言われた時のキャッチャーでした。球団設立準備室の室長もまた富山商業高校野球部の主力として活躍した選手でした。

この時、二人から聞いた話に私は驚愕しました。なんと、それは富山にプロ野球の球団を作るという話だったのです。

　プロ野球のないところに、独立リーグのプロ球団を作り、

　1. 地域の活性化に貢献する

　2. 青少年の健全育成

　3. 野球を続けたい若者に野球をする場を与える

　ことを目指すというのです。

　富山では、せいぜい1年に2試合ほどしかプロ野球の試合はありません。地方都市のご多聞に漏れず、プロとは縁遠い環境です。しかし、彼らはこう言いました。「もっと身近に、何時でも観る事ができるプロ野球チームを作る。」

　そこではNPBを目指す若者達が必死に自分の夢の実現に向けて、汗と泥にまみれてプレーをしている。その姿を見て地域の人達が応援してくれる、子供達も憧れる、それが地域の活性化に繋がる、そしてそれが地域に夢と希望と元気を与える……彼らは真顔で熱っぽく語り続けました。

　私はこの話を聞きながら、自分の身体が熱くなっていることに気付きました。BCリーグ設立の理念に大変共感するものがあったからです。というのも、長男が以前、元メジャーリーガーの野茂英雄投手が設立した「NOMO ベースボールクラブ」に所属し、野球への思いの強さを見聞きしていたからです。

　野茂さんは自分自身が遅咲きの選手で、社会人野球があったからこそ自分がプロ野球選手になれたという思いから、NOMO ベースボールクラブを立ち上げました。そこには全国から高校、大学を卒業後、プロ野球にも、社会人野球にも進めなかったにもかかわらず、野球を諦めきれない選手達が集まっていました。

　最盛期には230以上あった社会人野球チームは当時、80程になっていました。それを憂いた野茂さんはNOMO ベースボールクラブを創り、「夢をあきらめるな」というスローガンを掲げました。まさに、プロ野球選手になる夢を諦めきれない全国の若者たちの思いが結集した場だったのです。

　もちろん、誰もが入団出来る訳ではありません。大変厳しいテストに合格して初めて入団が許されました。確か、長男がテストに挑んだ時も40人程の中でただ1人の合格だったと記憶しています。

　入団した選手達には堺市がアルバイト先を斡旋してくれました。個々の選手達はそれぞれ別々のところで日中アルバイトをして、夕方から新日鉄堺のグランドに集まって来ます。ただ、グランドには内野をようやく照らせるほどの照明しか

ありません。出来る練習は限られています。グラウンドを使った全体練習を終え
ると、あとは室内でウエイトをしたり、素振りをしたりして、夜中の12時くら
いまで練習は続きます。それから、アパートへ帰って洗濯をしたり、夜食を取っ
たりして、寝るのは1時から2時頃。次の日の朝は7時頃には起きて会社へ。全
体練習は土日だけ。それも新日鉄堺のグラウンドは野球部が休部になってから暫
くは使われていなかったので、最初の頃は草むしりとランニング。まるで陸上部
のような練習をしていたようです。

お盆や年末年始は貴重なチームの全体練習ですので休みがありません。練習納
めは大晦日の昼12時、練習始めは元旦の昼1時からでした。それでも選手達は
都市対抗野球大会の出場を目指して頑張っていました。今の独立リーガーと比べ
ても過酷な環境でした。

この時に自分の夢を真剣に追いかける選手達の姿を見ていたことや、NOMO
ベースボールクラブが創設されたおかげで長男が野球を続けることができたこと
が、私が独立リーグの設立に関わる大きな動機となりました。

独立リーグの設立構想は「新潟」からもたらされました。新潟にはすでにアル
ビレックスが創設したサッカーをはじめ、バスケットボールやスキー、陸上競技
などさまざまなプロスポーツチームが存在していました。

2004年、日本プロ野球界に球団再編問題が起き、プロ野球選手会による史上
初のストライキが敢行される混乱のなか、結果として近鉄バッファローズがオリ
ックス・ブルーウエーブに吸収合併されてオリックス・バファローズとなり、新
たに東北楽天ゴールデンイーグルスが誕生しました。まさに日本のプロ野球に起
きた新しい波です。

そうしたなかで生まれたのが前述した四国ILであり、新潟もまた、これまで
プロ野球チームがなかったところに新たなプロチームをつくろうと活動し始めた
のです。「NPBより、もっと身近なプロ野球チーム」「何時でも観に行けるプロ
野球チーム」「おらが町のプロ野球チーム」—それがBCリーグの理念でした。

設立準備室の"助っ人"となった私が取り組んだのは、球団運営会社設立のた
めの資本金集めでした。県庁所在地である富山市では商工会議所副会頭の関連企
業を中心に順調に資金が集まっていましたが、富山県西部の高岡市を中心とした
地域では資金集めに苦労していました。私は高岡市で小さな会社を経営し、高岡
野球協会事務局次長を務めていたことから白羽の矢が立ったようです。

2. 人とのつながりで、創設資金を集めた

　親子で世話になった野球界に恩返しをしたいという思いから、資金集めに奔走しました。しかし、なかなか思うように行きません。すでにリーグ開幕は翌年の2007年4月と決まっており、球団設立までに残された時間はそう多くありません。

　思いあぐねて高岡商工会議所に相談に行きました。当時の専務理事に事情を説明すると、逆に「永森さん、あんたはどんな企業がいいと思っているのか？」と聞かれる始末でした。私は、一度訪問してみたいと思いながら伝手がなく行けていなかった高岡市の有力企業の名をあげました。すると専務理事は「そこだよ、そこ！」と賛成してくれました。ただ、紹介状まではいただけなかったのです。

　結局、自分で調べてみると、その有力企業の社長が高岡駅南部地区の活性化推進協議会の世話役だとわかり、ちょうど長男の野球仲間の父上が協議会に関わっていたことから話は急転。この企業の社長に話をすることができました。

　株式会社タカギセイコー社長の羽場光明さんといいます。初めてお会いしたときはむっつりした強面という印象で、恐る恐る設立趣意書を見せると、開口一番、「面白い！　だけど出資企業のリストを見ると富山市ばかりじゃないか！　こんなことをしていると高岡はますます埋没するばかりだ。よし、わかった。羽場がお金を出すと言っていると言っていいから集めてこい。俺が紹介してやる！」

　これをきっかけに出資企業が名乗りでて、5800万円の資金が集まりました。しかし目標の6000万円には足りません。もう期限が迫っていました。

　そこで再び羽場さんの登場です。しかし、さすがの羽場さんも困られたようで、しばしの思案のあと、当時の高岡商工会議所会頭でトナミ運輸株式会社社長の南義弘さんを紹介してもらいました。トナミ運輸は世界ランクの選手を多数輩出したバドミントン部の活動が有名で、スポーツに理解のある企業です。

　羽場さんから南さんに直接連絡を入れていただいてお目にかかると、すぐに「わかった。ただし出資となると役員会にかけないといけないので来週もう一回来なさい」との回答。1週間後に訪ねると、白紙の出資申込書を渡されました。「役員会の合意はとれたけど、いくら出資したら良かったかな。君が書き込んでくれ。」

　どうしよう、あと200万円あれば目標達成だけどもっと多く書いたほうがいいかな。悩んだ末にチキンハートの私が書いた金額は300万円。出資額で一番多い金額を書き込みました。まさに人から人へ、人の繋がりによって集めた6100万

円でした。この資金をもとに 2006 年、富山県の県の鳥である「雷鳥」から富山サンダーバーズと命名、元読売ジャイアンツの内野手鈴木康友氏を初代監督に迎えて球団発足に至りました。そして、「資金づくりに奔走したのだから、そのままおまえが社長をやれ」ということになり、私が球団社長に就任した次第です。

　こうやって長々と球団創設に至る経緯を書いてきたのは、富山サンダーバーズに限らず独立リーグに所属するチームは多かれ少なかれ、地元の企業、地元の人たちのつながりによって支えられているということを、知っていただきたかったからです。

3.　BC リーグが開幕したけれど…

　もともと、社会人野球が衰退した理由のひとつはチーム維持のために多くの資金が必要になることであり、親会社が経営環境の悪化で苦境に陥れば活動は停滞し、休部や廃部を余儀なくされるのは避けられない流れと言ってもいいでしょう。BC リーグでは少額でも多くの企業から出資を募り、県民球団を創ることを目標としました。そこには無理のない額の出資、できるだけ多くの企業に協賛していただくことで、1 社の財政状況で球団経営が左右される事態を回避するねらいがありました。

　富山が集めた県内企業 40 社、6100 万円の出資金は満足の行く結果でした。そして新潟アルビレックス、信濃グランセローズ、石川ミリオンスターズもそれぞれ苦労しながらも資金を集め、2006 年に北信越を中心としたベースボール・チャレンジ・リーグ（BCL）を設立。いよいよ四国 IL の事例を参考に、地域密着を最優先に掲げてスタートすることになりました。

　BCL の開幕は 2007 年 4 月 28 日、富山は新潟・三条球場で新潟と対戦、9 対 0 と快勝し、上々のスタート切りました。翌 4 月 29 日こそ地元開幕戦。信濃相手の試合に富山アルペンスタジアムは 6500 人もの観客を集めました。地元にできたプロ野球チームを見に行こうと富山の人々が応援に駆けつけてくれたのは言うまでもありません。この日のスタンドを見たとき、私は「この事業はきっと上手くいく」と確信していました。

　しかし、思いと裏腹に客足は思うように伸びてくれません。初年度こそ話題性も手伝って観客動員数は 2,000 人を超えましたが、残念なことにその後は減少を続ける一方です。もちろん球団もただ手をこまねいていたわけではありません。

著名な元プロ野球選手や地元で活躍する有名人をゲストに招き、オリジナルグッズなどのプレゼント抽選会や音楽のライブイベントなど集客につながるイベントに取り組み、監督や選手たちが地元イベントに参加するなど露出の機会を増やしたりもしました。

　努力は続けましたが、観客数の減少に歯止めはかからず、1試合平均500人程度まで観客動員数は落ち込みました。当然ながら、球団経営は赤字続きでした。

　このままではもう球団が持たない、何かを変えなくてはいけない、焦る気持ちは募る一方ですが、なかなか確かな方向性がつかめません。そろそろ10年目を迎えようとしていたそんなある日、創設以来球団会長を務めていただいている三協立山株式会社会長でもある川村人志さんから呼ばれ、「10年の節目、なにか黒字になるような施策を考えるよう」指示がありました。

　10年目と言っても何ができるのか、スタッフとも色々と意見を交わしました。記念のグッズを作っても在庫を抱えるだけとなるリスクもあり、とりあえず、10年一区切りということで記念誌の発行と記念式典の開催だけは決めました。記念式典のスペシャルゲストは元横浜DeNAベイスターズ監督で野球評論家の中畑清さん。中畑さんは鈴木康友初代監督とはジャイアンツ時代に先輩後輩関係にあり、サンダーバーズ初年度の地元開幕戦のゲストとして始球式に登場していただいた縁もありました。

　記念誌には県知事をはじめ各市町村の首長からの祝辞を載せ、歴代監督やNPBに入団したOB選手たちにも言葉を寄せてもらいました。縁とは不思議なもので、10年よく頑張ったとして県内の多くの企業から多額の協賛金が集まり、この年初めて、黒字を計上することができたのでした。

4.　サンダーバーズ10年目の決断

　もっとも、こうした効果は10年に1度のものであり、あとが続きません。安定経営のためには何が必要なのか、ファンやスポンサー企業は何を求めているのか、悩みに悩みました。

　その時、チームの編成担当を務めていた長男から「目先の勝利を追うよりもNPBに行ける可能性を持つ選手を発掘し育てることにもっと注力したらどうか」という提案を受けました。

　ファンの皆さんもスポンサー企業の皆さんからも「強いチームじゃないと応援

のしがいがない」、「優勝を目指してほしい」とよく言われます。もちろんチームもそれを目指して頑張っているのですが、常に勝てるわけではありません。

しかし、将来性のある選手の発掘と育成であれば、体制を整えていけば何とか実績を残せるのではないか、また実績を残せば富山に来てくれる選手たちも増えるだろう。そうなると有望な選手も集まるという好循環が生まれるのではないか、そして、そのようなチームになればチームに新たな価値が生まれ、応援してくれているファンや企業にも新たなモチベーションが生まれるのではないか……

野球のチームである以上、「勝利」をめざすのは究極の目標です。勝利をめざして選手を補強し、鍛えることは当然の使命でしょう。しかし、私は長男の提案を契機にもう一度、考えてみました。選手が独立リーグに身を投じるのは、その球団を強くしてリーグで優勝したいからだろうか、いやそうではないでしょう。彼らが独立リーグに求めているのは、NPBという舞台にあがるための実力養成の場、アピールするための場です。であるならば、それを実現する手伝いに徹した方が、はるかに機能的な球団経営ができるでしょう。彼らがNPBをめざして技術力、体力を向上させることはチームを活性化し、同時に成績向上にもつながり、地元の人たちには未来のNPBプレーヤーを発掘する楽しみを提供することにもなります。球団にとってはNPBに送り出すことによって生じる育成金が大きな収入につながります。

そこまで考えた私は、長男にスカウト活動を任せてみることにしました。その後、彼は日本各地を訪ねて素材発掘するばかりではなく、単身で韓国・米国・ドミニカを訪問し外国人選手も積極的に獲得していきました。

結果として、最初の10年間でNPBに入団した選手はわずか3人だったのに対し、その後の6年間では14人の選手をNPBやMLBのマイナーに送る事ができました。また、外国人選手に関しては、最初の10年間では0だったものがここ6年間では7人を数え、独立リーグの中では群を抜いています。外国人選手の場合は移籍金が発生するため、球団として大きな収益源になります。

新たな財源としては、県内の県営・市営球場のフェンス広告の営業代行業務を考案しました。県内の各球場は自治体が所有しており、自治体の協力のもとにサンダーバーズが代理業者として球場のフェンスに取り付ける広告を営業していくわけです。これが新たな収益として球団経営に貢献、10年目から3年連続の黒字決算となり、ようやく安定経営が芽吹き始めたと思った矢先に、新型コロナウイルス感染拡大という予期せぬ事態に遭遇したのです。

5. コロナウイルス襲来による迷走

　ここで BC リーグの加盟チーム数の変遷をみてみましょう。2007 年の 4 チームに始まり、2008 年から 14 年まで 6 チーム（上越：新潟、信濃、群馬　北陸：富山、石川、福井）で編成されました。2015 年に武蔵（埼玉）と福島が加わって、16 年まで 8 チームによる東西 2 地区制になります。2017 年に栃木と滋賀の加入で 10 チーム、2019 年は茨城の参加で地区を再編成して東 6、西 5 チームになりました。そして新型コロナウイルスが猛威を振るう 2020 年に神奈川が参画、12 チームにまで規模は拡大していました。

　この年は当初、6 球団ごと 2 地区に分けてリーグ戦を行い、地区間で交流戦も開催する予定でした。ところが、いつまで経っても開催できません。コロナ禍の拡大で行政機関が管理する球場など、公共施設が使用できなくなったためです。

　専用練習場を持たない独立リーグの球団は練習もままならず、経費だけが増大する一方で興行収入という大事な現金収入がないわけですから、球団経営が苦しくなるのも当然でした。6 月になってコロナの勢いが鈍くなり、月末には何とか開催できましたが、それでも多くのチームは無観客試合とせざるをえなかったのです。

　富山は感染対策を十分にとることで県の許可を得て、何とか有観客で開催にこぎつけました。ただし鳴り物禁止、声を出しての応援も禁止、試合後の選手のお見送りも取りやめとなり、「選手との距離の近さ」という NPB にはない独立リーグの特徴を活かせない物静かな観戦環境でした。

　リーグ運営では遠征による感染拡大のリスクを防ぐために、急遽 12 球団を 4 チームずつの 3 地区（東、中、西）に分け、地区内だけでの開催になりました。開幕が遅れたため試合数も大幅に減りました。この地区割はその後も続き、これが西地区 4 球団（富山、石川、福井、滋賀）が BC リーグから分離独立する遠因になります。

　コロナ禍の 2020 ～ 21 年、2 シーズンを 3 地区制で乗り切ったものの、西地区では福井球団の存続が危ぶまれる事態が発生していました。福井ミラクルエレファンツは 2020 年から経営母体が変わり、福井ワイルドラプターズの名で活動していましたが、資金難から撤退の可能性が出ていたのです。

　福井は 2019 年、それまでの経営母体であった福井新聞が経営から撤退を表明

したのですが、12 球団を維持したいリーグは新たな経営母体を探し、球団社長にはリーグの事務局長を送り込んで対策を講じました。その結果、新チーム福井ワイルドラプターズが誕生したのですが、コロナ禍下、球団社長が先頭に立って努力したもののスポンサー協賛が集まらず、経営を断念せざるを得ない状況に追い込まれていました。

さらにそれまで交流戦として対戦していた NPB のチームが感染対策として遠方への遠征を自粛する事態に追い込まれました。

6. オセアンからの提案

いつまで続くのかわからないコロナ禍、追い打ちをかけるようなリーグをめぐる 2 つの問題。西地区は今後どうなっていくのかという不安の中で、オセアン滋賀ブラックス球団を運営する建設関連会社オセアンの黒田翔一代表からオファーが届きました。福井を新たな体制で再生して西地区 4 球団で新リーグを設立、そのリーグをオセアンが運営するという計画です。

コロナウイルスの感染拡大の収束が見込めないなか、しばらくは 3 地区制が続くのは明らかでした。そうなると、仮に福井がなくなれば 3 球団での運営になってしまいます。そうなれば飛び地となる滋賀も撤退することにもなりかねないわけです。危機感の中で、富山、石川、滋賀の 3 球団で協議を重ねました。

実際のところ、西地区の 4 県の人口を合わせても神奈川県の人口の半分にもなりません。関東地域を拠点とする東地区（栃木、埼玉、茨城、神奈川）や関東・信越・東北地区を拠点とする中地区（新潟、長野、群馬、福島）とは人口規模も経済規模も違いすぎます。加えて首都圏からの距離も遠いという地理的なハンディキャップもあります。

もっと地域性を考えた独自路線を取るべきではないか、またインターネットを活用した新たな方策をとる必要性も感じていました。

そういう中でのオセアンの提案には正直、魅力を感じました。独自アプリを開発して全試合をライブ配信し、見逃し配信の提供、オンラインチケットの販売などのサービスを提供する、さらに利便性と若い層の取り込みを図る、4 球団が一箇所に集まって開催するセントラル方式により 1 日で 4 チームを見ることができる、リーグ選抜チームによる NPB ファームとの交流戦の積極的な展開、選手が野球に集中できるような報酬の保証、そして費用はリーグが負担する—というも

のでした。

　石川球団の端保聡社長と私は独立リーグでは珍しい創業以来の社長同士で15年間の付き合いがあります。今のままでいても先が見えない状況ならこの提案にかけてみよう、ふたりの腹は決まりました。

　そうして誕生したのが「日本海オセアンリーグ」でした。

　アプリ開発などの新たな試みは着実に実行していきましたが、ダウンロード数は伸び悩み、セントラル開催でもアウェイ同士の試合では全くと言ってよいほど観客が集まりません。コロナ禍が収まらないという影響はありましたが、アプリ開発や毎試合のライブ配信には相応の費用がかかり、これがリーグ運営を厳しくした要因でした。

　それでも1シーズンを終えることができ、さあ来季こそはこの経験を活かして見直すべきは見直し、もっと良いリーグにしていこう、そして加盟できなかったIPBL（日本独立リーグ野球機構）に1年目の実績をベースに再度加盟申請をしようと意気込んでいた時でした。とんでもない話が舞い込みました。

　なんと、福井球団が資金不足により運営から撤退するという話でした。それに加えて滋賀球団も球団運営を一旦停止し今後については再度検討したいという話になりました。青天の霹靂です。今後のリーグ運営をどうするのかということに加えて、リーグの合同トライアウトを受験した選手たちへの説明責任もあります。

　結局、2球団はオーナー企業の地元で再起を目指し、トライアウトに合格した選手は新たな2球団が責任を持って契約するということになりました。

7.　新たな道を模索して

　このような状況の中、来シーズンに向けて最大の課題であったIPBL（日本独立リーグ野球機構）への加盟申請の期日が迫っていました。加盟の必須条件はリーグ単位での申請という条件が付いていました。

　日本海オセアンリーグは事実上壊滅状態、このままでは申請は不可能です。そこで、石川の端保社長と私は重大な決断を下しました。

　それは、2球団による新たなリーグの設立です。

　世界で一番小さなリーグ、まさにミニマムリーグの誕生です。富山と石川はBCリーグの中でもNPBへの選手輩出数が最も多かった2チームです。我々はこのことを全面に押し出し、育成リーグとしての価値向上、選手データベースの構

築によるセカンドキャリアサポート、YouTube チャンネルを利用した試合のライブ配信、NPB ファーム、社会人、大学野球チームとの積極的な交流戦の開催などを目標として掲げました。

　社会人野球チームと大学野球チームとの交流戦は IPBL の加盟ができたことで実現できることになりました。リーグ構成は 2 チームだけですが、色々なカテゴリーのチームとの試合を開催することで、独立という枠にとらわれない新しい地域リーグの形をつくっていく予定です。そのことが地域での野球振興に貢献できると考えます。

　NPB は昨年、ファームリーグ拡大という全く新しい構想を打ち出しました。全容はまだ定かではありませんが、我々は単独チームではなく北陸地域を代表するチームとして選抜チームを結成して参戦することを計画しています。

　ファームリーグに参戦できれば、今までは選手個々としてしか NPB に行けなかったものが今度はチームとして NPB に関われるわけです。他のプロスポーツリーグのような入れ替え戦はありませんが、ファンの応援するモチベーションは格段に上がるのではないでしょうか。

　このような取り組みを通して独立リーグの魅力をどう高めていけるか、そしてそれを観客動員にどう繋げていけるのか、最も重要な課題です。

　実際のところ、BC リーグ時代も富山球団では観客動員への様々な取り組みをしてきましたが、観客数の減少傾向に歯止めをかけることはできませんでした。富山サンダーバーズだけではなく、独立リーグにとって観客動員は最大の課題だと言えます。

　日本のプロ野球では、入場料収入が売上全体の 30％から 50％を占めると言われています。しかし富山サンダーバーズの場合は、後援会へのチケット販売を含めても 10％程度でしかありません。いかに観客動員数を増やし、入場料収入を増やしていくかがより重要になります。観客動員数が増えれば、それに従ってグッズ・飲食の売上も増えますし、広告協賛も取りやすくなります。

　観客を増やすには、ファンが見たくなる、応援したくなる要素が欠かせません。そのチームに魅力がなければ、人は見に来ないでしょう。どのように魅力を高めていくか、それもまた大きな課題です。

　では、独立リーグの価値・魅力とは何なのでしょうか？

　サッカーの J リーグやバスケットボールの B リーグと違い、独立リーグはチームが優勝しても NPB に上がれるわけではありません。野球のレベルも NPB を

目指す選手たちですから NPB には及びません。

　高校野球のような全国のチームが目指す「甲子園」のような舞台もありません。

　高校野球も見るし NPB の野球も見に行くけれど、独立リーグの試合は興味がない、そういった現状を覆すには何が必要でしょうか？

8. サンダーバーズが目指すもの

　富山サンダーバーズでは今、専任の編成・スカウト担当を置いて有望選手の発掘と育成に力を入れています。

　先にも述べたように、球団設立から最初の 10 シーズンでは、わずか 3 人しか NPB に行けませんでしたが、11 シーズンから今シーズンまでの 6 年間で 14 人の選手を NPB に送り込むことができました。

　その中でも特筆すべきは 2016 年から 2018 年に獲得した 3 選手です。和田康士朗（2017 年千葉ロッテマリーンズ育成 1 位）、湯浅京己（2018 阪神タイガース 6 位）、松山真之（2019 年オリックス・バファローズ育成 8 位）の 3 人です。

　いずれも高校時代は全くと言っていいほど実績はなかったのです。3 年間怪我に悩まされて登板機会はわずかしかなかった湯浅、3 年連続夏の大会初戦敗退の松山、和田に至っては高校時代は陸上部です。

　いくら NPB のスカウト網が充実していてもこれではその網の目にかかりようがありません。しかし、逆に言えばそういった埋もれた原石を探し出し育て上げる、これが独立リーグの役割であり、存在価値です。

　2020 年 11 月、NHK のナビゲーション「プロ野球　原石の育て方」という番組で富山サンダーバーズの取り組みが紹介されました。チームの方針である「光る原石を見つけて大きく育てる独自の戦略に迫る」という内容の放送でした。

　この年はちょうど、サンダーバーズ出身の千葉ロッテマリーンズの外野手、和田康士朗がブレイクした年でした。和田は 2021 年シーズン、パ・リーグの盗塁王に輝きました。BC リーグ出身者では初のタイトルホルダーです。昨 2022 年シーズンには、和田の 1 年後に阪神に進んだ湯浅京己が、独立リーグ出身者では初めてファン投票中継ぎ投手部門 1 位でオールスターに選出され、シーズン終了後には最優秀中継ぎのタイトルを獲得しました。その後「侍 JAPAN」のメンバーに選ばれ、2023 年 3 月に開催された国・地域別対抗戦 WBC でも大活躍をしたことは記憶に新しいでしょう。

　湯浅は、NPB における初の独立リーグ出身の投手としてタイトルを受賞、また日本代表も独立リーグ出身者としては史上初の快挙でした。

　将来、NPB で活躍するかもしれない原石が独立リーグに埋まっている、その原石を発見しに行こうという発信が重要だと考えます。さらに独立リーグの連携、NPB との関係強化なども考えていく必要があるでしょう。

　独立リーグの大きな特徴の一つは、選手とファンの距離が近いことです。ファンとともに選手を育て大きな花を咲かせることができれば、ファンの人たちも「自分たちがあの選手を育てたんだ」という誇りを持てる、それが応援するモチベーションになるのではないかと思います。

　富山サンダーバーズは、NPB にも高校野球にもない新たな価値の創造として、「光る原石を見つけて大きく育てる独自の戦略」を進め、選手にもファンにも選ばれる、観戦に行きたくなる球団を目指しています。まだ観客動員数はコロナ前までには戻っていませんが、光る原石の応援に多くのファンが球場に来てくれることを確信しながら努力していきます。

9. 終わりに

　2007 年、大きな期待と夢を持ってスタートした BC リーグ最初のシーズン、72 試合のシーズンの 71 試合目まで石川と厘差の優勝争いをして迎えた最終戦に敗れて初優勝の栄誉を得ることはできませんでした。しかし、その試合後、あるご夫婦から花束をいただきました。そしてこう言葉をかけられました。
「私達の新たな楽しみを与えてくれた。ありがとう」
　この言葉が今も私を突き動かす原動力となっています。

　人口減少、少子化が加速するなか、確実に子供たちがスポーツに親しみ、スポーツを楽しむ場が失われつつあります。中央ではスポーツ庁による運動部活動の地域移行に向けた "実験、検討" が始まり、スポーツ界でもポスト東京オリンピック・パラリンピックとして「スポーツによる地方創生、地域振興」が大きなテーマとなっています。

　より人口減少が深刻な地方に根を張るスポーツ組織はそうした状況で何をしていったらよいのでしょうか。

　富山サンダーバーズでは 2021 年、新たな試みとして富山県内にある複数のスポーツクラブと一緒に「サンダーバーズ・スポーツコミュニティ」というスポー

ツ共同体を創設しました。参画したのは県内に基盤を持つ陸上、柔道、体操、女子ラグビーのクラブです。それぞれに「富山サンダーバーズ」という名称を名乗ってもらい、競技の垣根を越えて活動、富山県のスポーツ人口拡大と普及に貢献、環境づくりを推進して青少年の健やかな成長の一助となることを目的としています。

　まだ種を蒔き、少し芽がでてきたかなという状況ではありますが、2022 年 12 月には初の「スポーツコミュニティ」主催の柔道大会を「富山の柔道の未来を創る　富山サンダーバーズ JUDO フェスタ」と名付けて開催、共同体が一致協力して運営にあたりました。大会には富山県を始め、石川、福井、岐阜、愛知から 300 人以上の選手たちが参加し、大盛況に終えられたことは私たちの小さな誇りとなりました。

　また、2023 年 3 月にはバドミントンが加わり、4 月には「BigWave オープンバドミントン大会」を開催、これも県内外から 850 名の小中学生が集まりました。いずれの大会も勝ち負けにこだわらず、柔道、バドミントンを楽しむのが大きな目的で、各種アトラクションや売店の出店など、参加した誰もが楽しめる工夫を凝らしました。

　地方の小さな野球球団が地域のスポーツ振興にどんな役割を果たすことができるのか、果たしてスポーツによる地方創生という社会課題解決の一翼を担えるのか。球団運営に関わって以来、私はずっとそんなことを考えてきました。そして、これからもこだわり続けていくだろうと思います。

ルートイン BC リーグの今と未来
—今後の成長戦略を考える—

村山哲二
ルートイン BC リーグ運営事務局・
株式会社ジャパン・ベースボール・マーケティング代表取締役

1. ルートイン BC リーグの生い立ち

　ルートイン BC リーグ（以下 BC リーグ）は、地域のスポーツ活性化を目的として、2006 年に設立、2007 年より試合を開催した日本で 2 番目のプロ野球独立リーグである。野球を通じて、地域の方々に夢と感動を与えたいという思いから、「野球を通じて、地域と共に、地域を豊かに」というリーグの理念をもとに、北信越 4 県の 4 球団でリーグ戦を始め、2020 年には参加が 12 球団に拡大した。（2022 年に、うち 4 球団が新リーグを立ち上げたため、2023 年現在は 8 球団が加盟している）

　2023 年に 17 年目のシーズンを迎えた BC リーグは、地域と共に確実なエクスパンションを実現する一方で、創設以来 16 年連続で NPB ドラフト会議にて選手指名の実績を積み上げ、日本野球界においてもひとつの形を明示してきた。

　そんな BC リーグが、今、変革の時にある。新型コロナウィルス感染症の影響や野球人口の減少、そして NPB における拡大構想を受けて、ローカルスポーツビジネスとしての BC リーグ成長戦略について、現状を踏まえたうえで、その方向性と可能性を検証したい。

2. BC リーグの今

2.1 日本のプロ野球独立リーグにおける BC リーグの位置付け

　BC リーグは、四国アイランドリーグ（現：四国アイランドリーグ plus）に

続く日本で2番目のプロ野球独立リーグとして2006年に設立された。そして、2014年には日本独立リーグ野球機構を四国アイランドリーグplusとの合同組織として設立し、常に日本の独立リーグ界を牽引してきた。日本の独立リーグ球団数が、31球団を数える今日において、その中でのBCリーグの価値や強みについて、まずは触れてみたい。

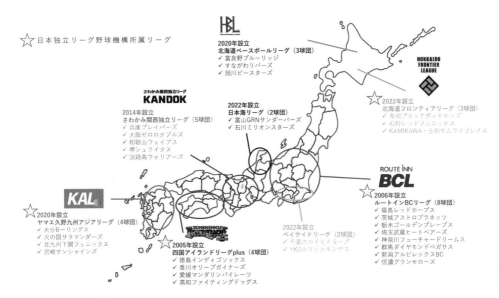

☆ 日本独立リーグ野球機構所属リーグ

HBL
2020年設立
北海道ベースボールリーグ（3球団）
✓ 富良野ブルーリッジ
✓ すながわリバーズ
✓ 旭川ビースターズ

さわかみ関西独立リーグ
KANDOK
2014年設立
さわかみ関西独立リーグ（5球団）
✓ 兵庫ブレイバーズ
✓ 大阪ゼロロクブルズ
✓ 和歌山ウェイブス
✓ 堺シュライクス
✓ 淡路島ウォリアーズ

2022年設立
日本海リーグ（2球団）
✓ 富山GRNサンダーバーズ
✓ 石川ミリオンスターズ

HOKKAIDO FRONTIER LEAGUE
☆ 2022年設立
北海道フロンティアリーグ（3球団）
✓ 美唄ブラックダイヤモンズ
✓ 石狩レッドフェニックス
✓ KAMIKAWA・士別サムライブレイズ

KAL
☆ 2020年設立
ヤマエ久野九州アジアリーグ（4球団）
✓ 大分B-リングス
✓ 火の国サラマンダーズ
✓ 北九州下関フェニックス
✓ 宮崎サンシャインズ

SHIKOKU ISLAND LEAGUE
☆ 2005年設立
四国アイランドリーグplus（4球団）
✓ 徳島インディゴソックス
✓ 香川オリーブガイナーズ
✓ 愛媛マンダリンパイレーツ
✓ 高知ファイティングドッグス

2022年設立
ベイサイドリーグ（2球団）
✓ 千葉スカイセイラーズ
✓ YKSホワイトキングス

ROUTE INN
BCL
2006年設立
ルートインBCリーグ（8球団）
✓ 福島レッドホープス
✓ 茨城アストロプラネッツ
✓ 栃木ゴールデンブレーブス
✓ 埼玉武蔵ヒートベアーズ
✓ 神奈川フューチャードリームス
✓ 群馬ダイヤモンドペガサス
✓ 新潟アルビレックスBC
✓ 信濃グランセローズ

図1　日本のプロ野球独立リーグにおけるリーグ及び球団分布（2023年3月時点）

2.2　BCリーグの価値

（1）球団数の拡大

　BCリーグが掲げる地域貢献及び地域への還元として、まず挙げられるのが、地域における野球を基軸とした活性化と野球人口の維持・拡大である。2006年のリーグ創設時は、新潟、富山、石川、長野といった北信越4県の4球団でリーグ戦をスタート、2年目の2007年には、新たに群馬・福井が加わり全6球団に、そして2015年シーズンからは福島・埼玉が加盟をして、8球団となった。その後は、2017年に栃木・滋賀、2019年に茨城、2020年に神奈川がそれぞれ加盟し、北信越のみならず関東にも加盟球団を拡大、全12県12球団が加盟するという日本の独立リーグでは最大の球団数で公式戦をおこなった。（なお、2022年シーズンか

らは富山、石川、福井、滋賀が別リーグ立ち上げのため、BC リーグを脱退。現在は、8 球団が加盟をしている。）このように確実なエクスパンションを繰り返す中で、地域やその人々を巻き込んだ地域活性化、そして昨今叫ばれる野球人口の衰退に歯止めをかけるべく独立リーグ最大規模で野球人口の維持・拡大に取り組んでいる。

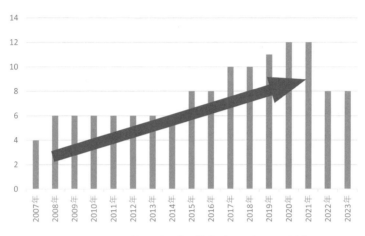

図 2　BC リーグ加盟球団数の推移（2023 年 3 月時点）

(2) 地域貢献イベントへの参画

　一口に地域活性化への取り組みといっても、その種類は様々である。BC リーグやその球団が取り組む、地域活性化への活動でメインとなるのが、地域イベントへの参画である。球団は、リーグの理念や活動に賛同し、それぞれの県で独自に自治体や教育現場、さらには企業等と連携して以下のような活動を行っている。

- ・自治体と連携した地域興しイベントへの参加
- ・少年野球教室や幼稚園、学校訪問といった教育現場への参加
- ・老人ホーム訪問等のボランティア活動への参加
- ・スクールガード、AED 普及活動といった地域保全活動への参加
- ・地元企業にスポットをあてたサンクスデーの開催

　上記は、あくまで一例ではあるが、球団を含めてリーグ全体では、毎年 400 回以上のイベント開催・参加を行っており、地域の方々と共に、地域を豊かにしようという姿勢とその数字が、BC リーグの価値そのものとなっている。

野球教室

AED プロジェクト

地域ボランティア

（3）NPB 球団（ファーム）との交流戦実施

　地域を活性化し、また野球の裾野を拡大するという意味で、BC リーグが大きな役割を担っているのが、各地に NPB 複数球団を招いての交流戦開催である。通常、NPB 球団が試合をすることはほとんどないような地域で、NPB 球団対 BC リーグ球団の試合を行うことで、多くのファンや少年少女に野球を見るという機会を提供している。リーグ創設以来、毎年 20 試合以上の交流戦を開催し、2023年は BC リーグ公式戦として合計 52 試合を開催予定である。

　このような NPB 球団との交流戦開催は、地域のファンとしても野球の真剣勝負を生で見ることができるのはもちろん、BC リーグに所属する選手にとっても NPB 選手との対戦で自分の今の位置や実力を肌で感じることのできる、非常に貴重な場面になっている。

（4）NPB ドラフト輩出実績の積み上げ

　独立リーグで野球をしようと考える若者にとって、大きな価値として認識されているのが、毎年 10 月末に行われる NPB ドラフト会議での指名実績の積み上げである。BC リーグは、リーグ創設以降、実に 16 年連続で NPB ドラフトに選手を輩出してきた。2021 年には、リーグ史上最多の 7 名を送り込んでいる。

　なかでも、湯浅京己投手（富山 GRN サンダーバーズ出身・2018 年阪神ドラフト 6 位）は、2023 年 3 月に行われた WBC で日本代表として金メダル獲得に貢献した。また彼は、2022 年のセントラルリーグ最優秀中継ぎ投手賞を獲得している。

　また、和田康士朗選手（富山 GRN サンダーバーズ出身・2017 年ロッテ育成ドラフト 1 位）は 2021 年のパシフィックリーグ盗塁王を獲得している。

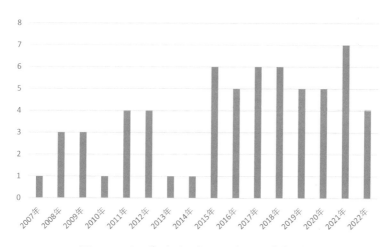

図 3　BC リーグの年度ごと NPB ドラフト輩出人数

（5）選手のセカンドキャリアシステムの充実

　毎年多くの選手がユニホームを脱ぐことになる独立リーグ界において、BC リーグでは約半分の選手がリーグを去る決断をする。選手の平均在籍年数は約 1.9 年。そして、所属する選手の平均年齢は 22.9 歳。そんな環境で、BC リーグが積極的な思いで進めているのが、選手のセカンドキャリアに関するシステム作りである。まだまだ若い選手達が、がむしゃらな気持ちでシーズン中に野球をするだけでなく、次のステージやステップを見据えて社会人として、そして人間的にも大きく成熟して欲しい、そんな思いから、ビジネスマンとしての教養作りや就業

斡旋、企業紹介など進めている。

　近年、様々なスポーツの現場において、選手のセカンドキャリアに関するサポート体制は大きな課題となっている。選手が引退となった時に、次のステージのイメージがつかず、別の舞台で輝くことがなかなかできない。これは、BC リーグが目指しているリーグ作りではない。所属したすべての選手が、自身と向き合って、リーグを去った後も、得意な分野や新しい環境で精一杯に輝くことがベストなのである。

　このような思いとサポートシステムを構築している BC リーグでは、選手はシーズン中、安心して野球に専念し、シーズンオフには自身のセカンドキャリアやデュアルキャリアに真剣に向き合うことができるようになっている。現在、リーグが推進するセカンドキャリア事業は、20 社近い企業の賛同とサポートを得ながら、夢を追い挑戦し続ける選手の人材育成全般をサポートしている。

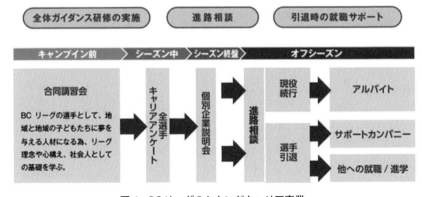

図4　BC リーグのセカンドキャリア事業

2.3　BC リーグが抱える課題

（1）観客動員数の減少

　BC リーグの観客動員数は、毎年概ね 22 万人前後で推移していた。しかし、2020 年にコロナウィルスの影響を大きく受けて、観客動員数は約 1/3 に減少。2021 年、2022 年と徐々にファンが球場に足を運ぶ機会は戻りつつあるものの、平常時の約 1/2 である 11 万人前後までとなっている。「野球を通じて、地域と共に、地域を豊かに」という理念を掲げる以上、地域のファンが野球場に足を運べない、あるいは運ばないリーグ運営というのは理想から大いにかけ離れている。魅せる

野球やスリリングな試合展開、さらには球団が主体となって取り組むエンターテインメントなど、様々な工夫や改善が求められている。

　また、近年のコロナウィルスの影響で、以前は当たり前だった「現地で野球を観戦する」という観戦スタイルに、「オンラインで野球を見る」という形も加わっており、観戦様式の多様化への対応も必至である。

　いずれにしても、BC リーグが野球の価値を高め、地域において重要なコンテンツであることが証明され、支持されれば、ファンや観客動員数は以前の規模、そしてそれ以上になることも大いにあるだろう。

　2023 年から、新型コロナウィルス感染症が 5 類に移行することが決定していることも踏まえると、平時に戻りつつある時に、BC リーグに観客・ファンが戻ってくるかが大きな課題である。

（2）各種リスクへの対応

　冒頭でも記述したように、日本のプロ野球独立リーグといわれる環境は目まぐるしく変化おり、2023 年現在、8 リーグ 31 球団が全国各地でそれぞれにリーグ戦を開催している。全国でのリーグ拡大や球団数増加に伴い、各地で散見されるのが、コンプライアンスやガバナンス、そしてアカウンタビリティによる球団間や選手トラブルである。BC リーグでは、これらのリスクを予防し、事前回避するために外部監査法人監修の下、ガバナンス・コンプライアンスの強化に取り組んでいる。球団はもちろん、リーグとしても野球界や地域社会に対しての説明責任を果たし、透明性の高いリーグ運営を確保しようと努めている。

項目	強化ポイント
ガバナンス	規程の整備、組織体制の構築と強化、取締役会の実効性確保、人材教育の実施と徹底、労務管理
コンプライアンス	懲罰規程の整備、反社会的勢力の排除、ホットラインの整備
アカウンタビリティ	リーグ/球団間の情報共有の実施と強化、財務モニタリング、非財務情報の開示

図 5　BC リーグが取り組む社会リスクへの対策項目

（3）各球団の財務体制の強化と改善

　リーグを含め所属球団の財務体制の強化と安定化は急務である。その大部分を
スポンサー収入が占める独立リーグの運営体制は、コロナウィルスの影響で大い
に悪化した。前段でも述べたように観客動員数の戻りもまだまだ鈍い環境下では、
各球団とリーグにおける収益構造改善が必要である。

2.4　BCリーグが取り組むべき課題解決に向けた方向性

　ここまで、BCリーグの価値や課題について紹介してきた。今一度、振り返る
と以下の通りである。

【価値】

・ 球団数を安定的に拡大し、地域活性化と野球人口の維持・拡大に寄与してい
　る
・ リーグミッションでもある地域貢献を目的とした年400回以上のイベント開
　催
・ NPB球団との交流戦開催による地域での観戦機会の提供
・ 16年連続でNPBドラフト会議を経由して選手の送り込みを実現
・ 選手が安心して野球に取り組める環境整備としてセカンドキャリアの充実を
　達成

【課題】

・ 観客動員数の減少、観戦スタイルの変化への対応
・ 各種社会的リスクを想定した事前対応
・ リーグ・球団の財務体制の安定化と収益構造改善

　これらを踏まえ、課題解決のために、BCリーグでは以下のアプローチが必要
だと認識している。

（1）野球の価値向上と魅力発信

・ 選手の質を高め、魅せる野球として価値を向上する
・ 指導者の質を追求し、リーグレベルの底上げを図る

・独立リーグならではの新しい野球の価値創造（新ルールやガイドラインの導入）
・有名選手の登用と広報活用
・NPB 連携強化によるさらなら地域への還元

　栃木ゴールデンブレーブスは、2022 シーズンにお笑い芸人のティモンディ高岸投手と選手契約を行いデビュー戦は 5,000 名を超える観客が詰めかけた。こうした取り組みも独立リーグならではの発信としては一手になるであろう。

（2）観客動員強化
・専用球場の確保と球場設備の充実
・球場エンタメの強化（娯楽として、生活の一部としてのエンタメ提供）
・インフラ設備

　BC リーグ加盟球団は全て専用球場を保有していないが、近年は球場の指定管理者になるなど、優先的に球場使用できる環境を整えている球団もある。特に栃木県小山市は栃木ゴールデンブレーブスの設立に伴い、小山総合運動公園野球場の大規模改修を複数年にわたって実施したことで、栃木球団の主催試合の多くを本球場で行い、常に安定した観客動員を図っている。

（3）リーグの価値向上
・リーグとしてサステナブルな価値とビジョンの創造
・リーグ認知と理解の促進（プロモーション強化）
・加盟ライセンス制度による競争力の強化（加盟する意義の追求）

　各球団が取り組む社会貢献活動をリーグが集約して発信することで、リーグ全体の価値を可視化する取り組みに繋がることも想定されている。球団とリーグが一丸となり、価値を創ると共に、それをきちんと伝えていくことがまずはできることだと考えられる。

2.5 終わりに
2023 年 4 月 7 日、日本プロフェッショナル野球機構（NPB）は、「NPB ファー

ム・リーグ拡大」についての構想を発表した。これは、2024年もしくは2025年に、現在のNPB2軍（イースタン7球団、ウエスタン5球団）を1球団以上増やして公式戦を開催する内容である（この球団はあくまで「参加」である）。

　本構想をBCリーグ全体では、好意的に捉えている。もちろん、リーグとしては球団数が減少するリスクがあるものの、何故、好意的に捉えているかと言えば、その最大要因は「変化すること」である。

　私は、近年、最も変化を遂げた野球球団は横浜DeNAベイスターズだと思っている。横浜ベイスターズ最後の社長であり、横浜DeNAベイスターズの初代会長を務めた故・加地隆雄さんは、私にとって野球界の父であった。お互いに電通、駒沢大学出身ということもあり、横浜スタジアム内外で、横浜ベイスターズと野球界の将来について、熱く議論を交わさせて頂いた。球団オーナーがTBSからDeNAに移ったが、南場オーナーとは、私の兄が同社の創業メンバーだった事もあり、オーナー変更以前より懇意にしていただいている。

　横浜球団はオーナーが変わってから劇的な変化を遂げたが、私は、加地さんが横浜ベイスターズをもがき苦しみながら変化させようとする姿を近くで見てきた。ドラフト1位の筒香の記者会見をランドマークタワーの最上階で行い、尾花監督の就任記者会見を豪華クルーズ船で行った。DeNAが加地さんを初代会長に迎えたのは、横浜球団が変化するには加地さんの魂が必要だったからだと思っている。

　野球界が変化を遂げようとしている中で、BCリーグと加盟球団も勇気をもって変化をしなければならない。変化し続ける球団とリーグだけが、生き残れると信じて取り組んでいく所存である。

5

野球を「みる」「みせる」発想は
どこに萌芽があるのか
―その序として、"傍流"平岡熙を再評価する―

佐野慎輔
尚美学園大学

はじめに

　2023 年春は野球が世の中の話題を集めた。

　ひとつは 3 月、野球の世界一を決める国・地域別対抗戦「2023 ワールド・ベースボール・クラシック（World Baseball Classic ＝ WBC）」に優勝した日本代表の活躍である。野球に関心を持たなかった層に「にわかファン」が出来する現象が起き、主催・後援、放送権の有無にかかわらず、テレビのワイドショーをも含めた WBC 報道が連日過熱。テレビの世帯平均視聴率は準々決勝イタリア戦の 48.0％を頂点に、全 7 試合が 40％台を記録（表 1）する高い関心を集めた。大リーグのロサンゼルス・エンゼルスに所属する大谷翔平選手ら代表選手たちの一挙手一投足に熱い視線が注がれ、アスリートの優れたパフォーマンスおよびマス・メディアの連日の報道によって、テレビ視聴者を含めた観客の「みる」意識は大いに活性化した。

　話題のもうひとつは 3 月 30 日、プロ野球公式戦開幕に合わせて北海道北広島市に開場した北海道日本ハムファイターズの新本拠地スタジアム「エスコンフィールド HOKKAIDO（エスコン F）」である。スタンドとグラウンドとの距離感、あるいは観客とスタジアム施設との親近性に立脚した仕様は、観客を呼びこむ手段としての新たなスタジアムづくりを提示している。エスコン F を中核とした「北海道ボールパーク F ビレッジ（F ビレッジ）」は、これまでのスタジアムとその周辺環境のあり方とは明らかに異なり、「野球だけじゃない」場を提供する。

表1 WBC日本代表戦 テレビ平均世帯視聴率

1次ラウンド	3月9日	中国	○	8 － 1	41.9%	TBS
	10日	韓国	○	13 － 4	44.4%	TBS
	11日	チェコ	○	10 － 2	43.1%	テレビ朝日
	12日	オーストラリア	○	7 － 1	43.2%	テレビ朝日
準々決勝	16日	イタリア	○	9 － 3	48.0%	テレビ朝日
準決勝	21日	メキシコ	○	6 － 5	42.5%	TBS
決勝	22日	米国	○	3 － 2	42.4%	テレビ朝日

　元来スポーツは私的領域に属する。2010年に文部科学省が策定した「スポーツ立国戦略」は個人の意思に由来する「する」「みる」「ささえる」をスポーツの基軸ととらえ、2011年制定の「スポーツ基本法」以降スポーツ界の指標として2022年改訂の「第3次スポーツ基本計画」にも盛り込まれた。私的領域である「する」「みる」「ささえる」を公的にコントロールし、政策によりスポーツ振興を図るねらいとみることができる。

　2016年に当時の安倍晋三政権が策定した「日本再興戦略2016」以来、スポーツ産業の振興が政府指針として位置付けられ、「コストセンター」であるスポーツを「ベネフィットセンター」に変える意図が示された。ビジネスとしてスポーツを捉える視点である。「みる」あるいは「みせる」場としてのスタジアム・アリーナの新設、環境整備によってプロスポーツの活性化、新たな周辺産業の育成、さらには地域活性化を呼びこむことへの期待が込められた。今日のWBCやエスコンFおよびFビレッジのありようは、環境を整備することによって、人の「みる」意識を活性化できる可能性を示した。

　こうした「みる」あるいは「みせる」意識の強調は近年のことではあるが、「する」あるいは母校の応援としての「みる」時期であった日本野球草創期に、「みて楽しむ」「みせる」意識の萌芽はなかったのだろうか。

　日本に野球が"輸入"されたのは1872年、プロ野球球団の誕生は1920年の日本運動協会ではあるが、「みる」「みせる」最高領域としてのプロ野球リーグ戦の始まりは1936年の「日本職業野球連盟」創設を嚆矢とする。職業野球連盟は「みる」意識を活性化する役割の新聞社と「みる」「みせる」場としてのグラウンドを保有する鉄道会社との合作であった。新聞および鉄道の関与はどこが出発点となるのか。先行研究ではあまり重要視されてこなかった野球草創期における「みる」「みせる」意識の萌芽から流れを解き起こし、野球史の傍流とされてきた人物、

事柄を検証、今日の WBC における観客行動、北海道で進む「みる」環境整備を
考察する縁としたい。

1.　野球を広めた平岡熙という存在感

　日本野球の発展に貢献した人々を検証する野球殿堂博物館は米国野球のホー
ル・オブ・フェーム（ニューヨーク州クーパーズタウン）に倣い、1959 年に創
設された。東京都文京区の東京ドーム内にある殿堂ホールには顕彰された 212 人
（2022 年現在、23 年夏にはアレックス・ラミレス、ランディ・バース、古関裕而
の 3 氏が加わり 215 人）のレリーフが左右に並び、襟を正したくなる雰囲気を
醸し出している。59 年に特別表彰されて第 1 回殿堂入りを果たした正力松太郎、
安部磯雄、澤村栄治ら 9 人のなかに平岡熙（ひらおか・ひろし）の名がある。殿
堂入り№ 001 の正力に続く、002 として存在感を放つ。1936（昭和 12）年に日本
職業野球連盟創設を提唱し「日本プロ野球組織の創始者」とタイトルがつく正力
に対し、平岡には「日本の野球の創始者」とある。ちなみに 212 人の顕彰者のレ
リーフにタイトルがついているのは正力と平岡のふたりだけで、あの澤村や川上
哲治、長嶋茂雄や王貞治にもタイトルはない。いかに平岡が日本の野球界にとっ
て重要な人物であったか、野球殿堂顕彰がそれを証明している。
　しかし、野球の歴史を語るとき、あるいは研究者が行なう野球史の検証におい
ても平岡の存在感は必ずしも大きいとはいえない。平岡は 1871（明治 4）年から
5 年間にわたる米国留学から帰国した後は工部省に勤務、1872 年に産声をあげた
日本の鉄道事業に携わった。米国で体験した野球がやりたくて 1878 年、新橋に
あった鉄道局内に「新橋アスレチック倶楽部」という日本初の野球チームを結成
した人物であり、一般の認識あるいは検証でもその域をでない。
　野球殿堂のレリーフにはこう記載されている。
「明治 4 年（佐野注：1871 年）アメリカへ留学し、機関車両・機械類製造技術
のほかベースボールを修得し同 9 年（注：1876 年）に帰国した。工部省鉄道局
技師となり新橋停車場構内に仮運動場を設け、用具や規則書を輸入しユニホーム
を作る等我国初の本格的野球チーム“アスレチックス”新橋倶楽部を組織した。
日本の野球の祖」
「日本野球の祖」が創設し会長を務めた「新橋アスレチック倶楽部」は毎月、会
費として会員から 1 円を徴収した。1882 年当時の米 1 升の価格が 9 銭であり、

会社員の月給が 8 〜 9 円であった事から換算すれば、現在の価格で 4 〜 5 万円ほどの会費であったか。裕福な家庭の出身者による集団であったことは間違いなく、日本で初めてとなるスポーツクラブ、野球クラブが組織されたのである。

この新橋アスレチック倶楽部は 1887 年に解散した。わずか 10 年足らずの足跡でしかない。理由は平岡にある。平岡が会長辞任を申し出て、東京高等商業学校（現・一橋大学）以来、野球に親しんでいた実弟の寅之助が新会長に就任したものの、兄のようなカリスマ性に乏しく、当時アスレチックに刺激されて誕生したクラブチームと掛け持ちする会員を引き止める術もなく、「うやむやのうちに消滅してしまった」と平岡の伝記『ベースボールと陸蒸気　日本で初めてカーブを投げた男・平岡熙』（小学館文庫）は記している。ちなみに著者の鈴木康允は、平岡が工部省鉄道局を退官後に創設した鉄道用車両を製造する匿名組合平岡工場に勤務した祖父が平岡から野球を手ほどきされたことを知り、興味を持って調べを進めたという。平岡が会長辞任後も、野球とは関係を切らずにいたことの傍証となる。同書は平岡に関わる最も詳細な書籍でもある。

平岡がクラブ会長を辞任したのは仕事が忙しくなり、試合はおろか練習にも顔を出す機会がなくなっていたためである。1883 年から工部省鉄道局汽車課長兼新橋工場長となり、1885 年に鉄道権少技長、86 年には現在の本省課長級に相当する奏任官四等鉄道四等技師と昇任した平岡は 1856 年 8 月 19 日生まれ、会長辞任時はわずか 31 歳に過ぎない。留学も経験したまさに明治のエリートであった。

野球研究の観点でいえば、新橋倶楽部の会長辞任、短期間での倶楽部の活動と消滅により、その後は野球との関係は希薄になったとみなされて研究対象から外されていったと考えられる。

2. 野球伝道者としての正岡子規が広めた平岡熙

草創期、平岡の名を広く知らしめたのは俳人、歌人であり野球愛好家で知られた正岡子規ではなかったか。野球を広く世に知らせたとして野球殿堂入りした子規は 1896 年 7 月 19、23、27 日の 3 回にわたって新聞「日本」に掲載する随筆『松蘿玉液』でベースボール論を展開。その第 1 回をこう書き起こした。「○ベースボール　に至りてはこれを行ふ者極めて少なくこれを知る人の区域も甚だ狭かりしが近時第一高等学校と在横浜米人との間に仕合ありしより以来ベースボールという語は端なく世人の耳に入りたり。されどもベースボールの何たるやは殆どこ

れを知るなかるべし」

　ここでいう「仕合」とは1896年5月23日、第一高等学校（一高、現・東京大学）が横浜の外国人チーム「横浜カントリー・アンド・アスレティック・クラブ（YC & AC）」と横浜の外国人居留地に造営された彼我公園（現・横浜公園）のクリケット場（いまの横浜スタジアムのあたり）で対戦して29対4で大勝した試合を指す。日本で初めて外国人チームと対戦した試合として野球史に残る。この一高勝利を時事新報や郵便報知など1870年代から80年代に相次いで誕生した新聞が報道し、日本人のみならず在留米国人をも驚かせた。米国側は野球先進国の名誉にかけて再戦を申し込むも、6月2日の第2戦、6月27日に場所を東京・向ヶ岡の一高グラウンドに移した第3戦も一高が勝利、7月4日の第4戦でようやく外国人チームが勝利した。新聞報道によってこの一高勝利が世間に知られることとなり、直後に子規がベースボール論の1回目を執筆している。

「米人のわれに負けたるをくやしがりて幾度も仕合を挑むは殆ど国辱とも思へばなるべし」と記した子規は、こう続ける。

「この技の我邦に伝はり来歴は詳かにこれを知らねどもあるいはいふ元新橋鉄道局技師（平岡熙といふ人か）米国より帰りてこれを新橋鉄道局の職員間に伝へたるを始めとすとかや。明治十四、五年の頃にもやあらん」

　1881、2年頃に米国帰りの平岡が野球を伝えたと書いている。子規はこの頃、すでに病に侵され、杖にすがって庭を歩くほどの健康状態であったが、母校一高の勝利に野球を愛好し、活躍していた頃を思い出したのであろう。情熱を揮って筆を進めている。

「ベースボールの何たるやは殆どこれを知るなかるべし」という状況を変えるべく、子規は新聞「日本」に筆をふるう。その7月27日付、最終3回目の末尾に「ベースボールいまだかつて訳語あらず」と書いた。1894年に一高後輩の中馬庚が「Ball in the field」から「野球」と訳し、1895年2月発行の「一高野球部史」で紹介された。ちなみに中馬は一高が横浜外国人クラブを破ったときの監督である。子規は中馬の訳語を知らなかったのだろうか。東大野球部長を務めた神田順治は『子規とベースボール』（ベースボールマガジン社）で「同じ一高卒業とはいえ三年の差があり」「いまのような情報社会ではなかっただけに」知らなかっただろうと推察している。

　当時の「野球」をめぐる状況がどうであったか、それを示すために子規にこだわり過ぎた。平岡に戻す。子規が唱えた「平岡が野球を日本に伝えた」説はしか

し、あっさりと覆った。3日後、7月22日付新聞「日本」に「ベースボールの来歴」と題された反証文が寄稿された。投稿者は「好球生」と名乗った。

「そもそもベースボールのはじまりは明治五年（佐野注：1872年）のころなりし。今の高等商業学校のところ（注：今の神田神保町、如水会館から小学館あたり）に南校という学校あり。明治五年ごろは第一大学区第一番中学と名付けて唯一の洋学校なりしが、英語、歴史などを教ふるウィルソンと云へる米国人あり。この人常に球戯を好み体操場に出てはバットを持ちて球を打ち余輩にこれを取らせて無上の楽しみとせしが、やうやうこの仲間に入る学生も増加し、明治六年第一番中学の開成校と改称し、今の錦町三丁目に広壮の校舎建築（注：南校の通りを挟んだ向かい側。いまの神田錦町、日本学士会館あたり）成り、開校式には行幸などもあり、運動場も天覧ありしくらいにてひろびろと出来たりし事故（注：ことゆえ）（中略）つひには本式にベースを置き、組を分ちてベースボールの技を始むるにいたれり」

　この好球生の投稿が論証されて野球の伝播は1872年、お雇い米国人教師ホーレス・ウィルソンによってもたらされた論拠となる。当初はキャッチボール、ノック打球を追う類であったが、翌年に第一番中学が開成学校と改名して移転、運動場が広くなって本式の野球が始まった。この年、北海道開拓使仮学校（後の札幌農学校、現・北海道大学）のお雇い米国人教師アルバート・ベーツによって、まだ東京・芝の御成門にあった仮学校でも生徒に野球が手ほどきされた。

　ウィルソンから手ほどきを受けた学生のなかには1871年の右大臣岩倉具視を特命全権大使とする岩倉使節団に随行し、フィラデルフィアのミドルスクールでベースボールの手ほどきをうけてきた来原彦三郎（後に侯爵木戸孝正）、大久保利和（侯爵）、伸熊（後に牧野伸顕伯爵）兄弟らがいた。現在、野球伝播を記念したモニュメントは開成学校の跡地、学士会館敷地内に建つ。

　日本野球はここを起点に歴史が動き始め（表2）、お雇い外国人教師から一高の前身に野球が伝わり、各学校に伝播する流れが日本野球の正史となる。そこに新聞という同時期に勃興したメディアが果たした役割を押さえておきたい。そして、平岡の野球伝播は傍流として、研究の対象から外れていくのである。

3.「みる」スポーツとしてのベースボールを初めて知った日本人

　平岡熙は前述したように江戸末期、江戸に直下型の「安政大地震」が起きた安

表2　野球の伝播と日本プロ野球誕生までの流れ

（◎は野球伝播、●はみせる関連）

米国における野球のはじまり
◎ 1845 年：アレキサンダー・カートライトがニューヨークで今日につながる規則作成
◎ 1846 年：ハドソン川の向こう岸、ニュージャージー州ホーボーケンで初の試合
日本にベースボール伝来
● 1871 年：平岡熙、御三卿清水家当主の篤守に従い、米国留学
◎ 1872 年：第一大学区第一番中学のアメリカ人教師ホーレス・ウィルソンが生徒に伝播
◎ 1873 年：開成学校と校名変更に伴い、新校舎と運動場が整備され、試合も実施
● 1876 年：平岡熙が留学から帰国
● 1878 年：平岡熙が、わが国初の本格的野球クラブ「新橋アスレチック」結成
● 1882 年：品川八ツ山に初の野球グラウンド「保健場」造成
● 1887 年：平岡熙、新橋アスレチック会長辞任、アスレチック消滅へ
◎ 1894 年：一高生中馬庚がベースボールを「野球」と翻訳
◎ 1896 年：一高が横浜外国人チームに勝利、新聞報道で野球人気が高まる
◎ 1903 年：早慶戦開始
● 1905 年：安部磯雄野球部長が率いて早大が初の米国遠征、最新の野球技術を学んで帰国
● 1906 年：応援の過熱により、早慶戦が中止（～1925 年）
● 1907 年：慶大が初めて外国チーム（ハワイ・セントルイス）を招待、国内初の有料試合
夏の甲子園大会始まる
● 1909 年：早大 OB 押川春浪、橋戸頑鉄ら天狗倶楽部、京浜電気鉄道が羽田運動場造成
◎ 1911 年：東京朝日新聞が「野球其害毒」連載、天狗倶楽部との間で論争
● 1913 年：箕面有馬電気軌道（現・阪急電鉄）が豊中グラウンド造成
◎ 1915 年：大阪朝日新聞が全国中等学校優勝野球大会（現在の夏の甲子園大会）開催
　　　　●小林一三が朝日に野球大会打診、さらに早大の河野安通志に職業野球構想相談
● 1920 年：日本初のプロ球団日本運動協会（芝浦協会）誕生、23 年関東大震災で活動中止
● 1923 年：小林一三、電鉄リーグ構想発表
◎ 1924 年：大阪毎日新聞が全国選抜中等学校野球大会（現在の春の甲子園大会）開始
　　　　●甲子園球場完成、●小林一三が芝浦協会を引き取り、宝塚運動協会創設（29 年解散）
◎ 1925 年：秋季より早慶戦復活、東大加盟で東京六大学リーグ戦開始。NHK ラジオ実況
● 1926 年：明治神宮野球場完成
● 1927 年：都市対抗野球大会開始、夏の甲子園大会が NHK ラジオで実況放送
日本職業野球連盟結成へ
● 1931 年：読売新聞の招きでルー・ゲーリッグら米大リーグ選抜チーム来日
◎ 1932 年：文部省が「野球統制の訓令」施行
● 1934 年：読売新聞の招きでベーブ・ルースら米大リーグ選抜チーム来日
　　　　◎この時の日本チームを中心に大日本東京野球倶楽部（現在の読売巨人軍）結成
● 1936 年：正力松太郎が主唱し、7 球団による日本職業野球連盟（現在の NPB）結成
　　　　東京巨人（読売新聞）、名古屋（新愛知新聞）、大東京（国民新聞）、名古屋金鯱（名古屋新聞）
　　　　大阪タイガース（阪神電鉄）、阪急（阪急電鉄）、東京セネタース（西武鉄道）
● 1937 年：西宮球場、後楽園球場完成　●後楽園イーグルス（後楽園球場）加入

政3年に生まれた。生家は徳川家に仕えるお目見えで、父庄七は徳川御三卿、田安徳川家の付家老を務めている。明治になり、庄七が没落した御三卿、清水徳川家再興に尽力した縁で、熙は当主篤守のコロンビア大学留学に随行することになるが、『ベースボールと陸蒸気』には名門の子弟にありがちなわがまま放題の悪童を教育するためであったとある。

　留学当時、熙少年は15歳。さまざまに興味を膨らませるなか、到着したサンフランシスコの港で「真っ黒な鉄の塊」に魅せられた。蒸気機関車である。その鉄の塊に乗り、1週間かけてニューヨークをめざす。アメリカ大陸を横断する鉄道は2年前の1869年に完成していた。ニューヨークで篤守らと別れ、単身、汽車でボストンへ。ここでプライマリースクールに入学、英会話を会得すると1年半後には高校過程の技術専門学校に進んだ。しかし機関車技術を学びたいと3カ月で退学、同じボストン市内のヒンクリー機関車製造所で工具として働き始めた。この間、旧知の米国公使森有礼に依頼されて岩倉使節団の通訳を務め、副使の参議木戸孝允、工部大輔伊藤博文の知遇を得る。とりわけ伊藤との関係が帰国後の生き方を決めることになった。

　ヒンクリー機関車製造所では機関車製造の技術を取得したほか、もうひとつ学んだものがあった。「ベースボール」である。休みになると仲間たちが街はずれの広っぱでベースボールに興じていた。平岡は技術専門学校でも放課後の遊びでベースボールをしたことがあり、仲間入りするとすぐに頭角を現した。体は小さいが、投げると球は速く、打っては遠くに飛ばした。すぐに会社の監督からレギュラーメンバーを打診された。

　当時、ベースボールが生まれて20年足らず。すでにプロチームが各地にできており、ニューヨークやボストンなど9都市のチームによるナショナル・アソシエーションというプロ連盟（NAPBP）も発足。「する」から「みる」「みせる」に時代は動いていた。

　ボストンには1871年創設のレッドストッキングスというチームがあった。現在の大リーグ、ボストン・レッドソックスではなく、後に本拠地を移転しアトランタ・ブレーブスとなったチームである。1972年から4連覇するなどNAPBP最強を誇ったチームであり、好奇心旺盛な平岡が見に行かないはずはない。そこにアルバート・スポルディングという投手がいた。レッドストッキングスのほとんどの試合に登板、1871年から75年の5年間で205勝を記録するなど大活躍し、後に野球殿堂入りしている。

5. 野球を「みる」「みせる」発想はどこに萌芽があるのか

スポルディングはシカゴ・ホワイトストッキングス（現シカゴ・カブス）に監督兼選手で移った 1876 年に A.G.Spalding & Bros 社を創設、「スポルディング」の名をつけた大リーグ公式球、グラブなどの製造、販売に乗り出していた。現役引退後の 1878 年には事業に傾注し、世界有数のスポーツ用品メーカーに育て、さらに野球のルールづくりに携わり、公式ルールブックも作成している。

狭いボストンでベースボールを介して平岡とスポルディングとが知り合うのは必然だった。その交友が後の日本野球の発展に寄与することもまた当然の結果である。さらに平岡について言えば、ボストンでプロのベースボールに触れ、バットやグラブなどに加えてユニホームやスタジアムなど米国型の「みせる」あり方を知った最初の日本人にほかならなかった。

1974 年夏、3 年間過ごしたボストンを離れ、招かれてニューハンプシャーのマンチェスター汽車製造会社、次いでフィラデルフィアのボールドウィン汽車製造会社で高山用蒸気機関車の開発に取り組み、日本に戻った。土産は鉄道技師としての技術とバット、2 個のグラブにボール。まさに「ベースボールと陸蒸気」—後の野球と鉄道の関係が想起される逸話である。

平岡の土産に最初に興味を持ったのは弟の寅之助だった。熙はボールの投げ方、獲り方を教え、庭でキャッチボールを始めた。平岡家には使用人を始め、出入りの人々が少なくない。米国帰りの坊ちゃんが何を始めたのか、好奇の目で眺め、やがて誘われるままベースボールの真似事に興じていく。平岡家は芝西久保城山町、いまの虎ノ門 4 丁目に屋敷を構えていたが、熙は彼らを引き連れて神田三崎町の陸軍練兵場まででかけてはベースボールを楽しんだ。

練兵場の近くには日本野球のルーツ校があった。江戸の昌平坂学問所に端を発し翻訳局、洋楽所から蛮書調所や洋書調書、開成所となり、明治に入って開成学校から大学南校、南校、そして第一大学区第一番中学から再び開成学校に名称変更した学校は 1877 年に東京大学予備門、1886 年に第一高等学校となった。平岡たちがベースボールを始めると、この学校の生徒が見に来るようになり、関連書籍には後に外務大臣となる小村寿太郎や地球物理学者の田中館愛橘、哲学者の古在由重らの名がある。ボストン時代のニッカボッカのズボンにソックスをはき、ジャージの長そでシャツにつば広のキャップを被った平岡は、彼らにみせつけるように颯爽とプレーした。

工部卿に昇進していた伊藤の勧めで工部省鉄道局に勤めた平岡は、ここでも技師仲間たちに野球を教えた。技師駅員に外国人技師、さらに神田三崎町の練兵場

で教えた開成学校、大学予備門の学生なども加わって新橋アスレチック倶楽部が誕生する。日本初のベースボール愛好者による組織である。あくまでもベースボールを「する」「楽しむ」ためのクラブだが、人目を強く意識していたことは、米国のフィラデルフィア・アスレチックスにあやかり、「アスレチック」のニックネームを用いたり、ユニホームを揃えたりするなど斬新な試みをしたことに表れている。

4. 平岡煕と新橋アスレチック倶楽部が残したものとは…

　新橋アスレチック倶楽部には、「みる」意識を啓発する仕掛けが随所にのぞいた。
①ユニホームをつくった
　上下白のフランネルの縞模様で、上衣は頭からすっぽりかぶるボタンなし、ズボンは膝下までのニッカボッカで赤いソックスをはき、つば広の白の帽子もそろえた。
　「それまではどこでも制服というものはなく気の利いたところで襦袢下かシャツ一枚、ひどいのは暑い折は素体に六尺褌一本、朴歯の下駄という珍な姿もあれば、寒い折は羽織袴をつけて平気でいた時すらある」時代に、「非常にハイカラなものであった」と国民新聞運動部編『日本野球史』は書く。
　米国でのスタイルを導入したユニホームだが、当時の日本に類はなく、人目を驚かせたことは疑うべくもなかった。ただ平岡が「みせる」を意識したと書いてはいない。
②米国に発注したベースボール用具
　平岡の娘婿であり、後に三井呉服店（後の三越）理事、王子製紙専務などを務めた実業家で茶人の高橋義雄は著書『平岡吟洲翁と東明曲』に「立派なティームが成り立ったので、一同ユニフォームをつけて整列した所の寫眞を撮って、米國に送った」と記す。銀座の「二見館」という写真館で撮影された会員22人のユニホーム姿の写真は今も野球殿堂博物館に残るが、1枚は米国のアルバート・スポルディングのもとに送られた。平岡は米国留学時代の話、アスレチックという球団をつくりベースボールを教えているが用具調達に苦労していることなどを書き連ね、ユニホーム姿で22人がそろった写真を同封し、用具一式を発注した。
　スポルディングからの反応は早かった。折り返し、手紙とともに依頼したバットやボール、グラブにミットとともに、キャッチャーマスクやプロテクターから

ベース、バックネットまで送られてきた。スポルディングの手紙にはこう書かれていた。「海を越えて新興の日本に我等と同じ野球技の行われることは非常に欣快とするところで、その隆盛を祈り、(中略)これから一層奮励され、貴国の文明と共にまた貴国のシンボルである旭日の如く昇らんことを切望する。なお器具に関しては当分金銭の如何に拘わらず御援助の意味にて御送りするから遠慮なく申してください。これは弊商会の商売を放れて行うのではなく。商売のために行うので一種の広告費である」とし「当商会の器具により貴国のベースボールが発達して普及すれば、その時こそ弊社に運動具の註文が殺到して弊社は莫大の利益を得ることが出来よう」と続く(この項、『日本野球史』)。

この当時、日本には野球用具を扱うメーカーはなく、開成学校の学生たちは来原や大久保たちが持ち帰ったボールが破れた際、ボールを解体し中身を分析。中心のゴムに毛糸をまきつけ、ラシャ布でくるみ、革を被せて縫ってあることから、神田今川小路にあった靴屋に頼んでつくってもらった。新橋アスレチック倶楽部でも同様にボールやバットを自作。鉄道局には列車座席や背もたれをつくる専門の職員がいて、木材、布が潤沢にあり材料には事欠かなかったものの、サンプルがなく、いい具合の用具を製作できなかった。キャッチャーマスクやプロテクターは横浜外国人クラブの試合で見て、剣道の面から発想したものの現物とは程遠いものであった。思案のすえにスポルディングに支援を求めたわけだが、これにより日本の野球用具は各段に進歩した。用具の進歩は技量の進歩を生み、「みせる」野球の興隆に結実していく。

平岡はクラブ消滅後10年以上たった1909(明治42)年9月18日付「時事新報」野球号に当時のことをこう語っている。「私が歸國して新橋に野球團をオーガナイズしたと云う事をスポーデング(注:スポルディング)氏に通知して遣ると氏は非常に喜んで間もなく(中略)プロテクターとマスク打棒(バット)球(ボール)と貨幣にすると六百圓程の用具を送って呉れて金は三百圓で好いと書き添へてあった」

決して無償提供ではなかったが、平岡はスポルディングの厚意に感謝している。また野球普及のためには「広告、宣伝費」をかけるという発想にも触れた。この時期、スポルディングは英国での普及に成果を得られず、新たな市場を求めていたのである。

③ルールへの目覚め

スポルディングは『日本野球史』の記述にあるように、用具を送るときに普及

を考え、公式ルールブックも同封している。平岡は「驚いた」と述べる。

「一切の用具の到着と同時にガイドブックも來た。見ると驚いたのは野球規則が非常に變更されて居た事で、六球が四球となり下手投のみであった範圍も廣められて米國の野球の駿々として進歩して居る事が判った」（前記「時事新報」野球號）

当初は「ナインボール」、次いで「セブンボール」となり「シックスボール」から「フォアボール」に改訂された。これにより試合のスピードは増した。投球フォームは1845年のアレクサンダー・カートライトによって、ソフトボールのようにアンダースロー（下手投）と決められた。しかしオーバーハンド（上手）から投げ下ろす速球派投手が出現し、曖昧になっていたルールを改正、現実に即して1882年にオーバーハンドが許可された。しかし平岡は「上手投げは（佐野注：スピードがついて）危険だ」と改訂後も大半は下手から投げた。日本人として初めて投げたカーブも下手からであった。

米国ではリーグの誕生、チームの入れ替えごとにルールが改正、整備された。「みる」スポーツにとって曖昧さをなくす意味でも歓迎すべきことであった。ただ未成熟な時代の日本では、打者が打ちやすいコースを投手に要求できるなどローカル・ルールで試合していた。最新ルールを導入した新橋アスレチック倶楽部は技術面での指導も含めて教えを乞う者が続いた。東京大学予備門時代の正岡子規もまた、そのひとりであった。

④グラウンド保有と「みる」場としての活用

ユニホーム、用具、ルールが整ったとなれば、次は練習、試合のための場所となるはずだが、じつはユニホーム、用具以前に平岡はグラウンドを造成している。

前記の1909年の『時事通信』野球號に平岡の言葉としてこう書く。自身が教えた職員の野球熱が高まってきたので、「一人三十銭位づつ持出して時の局長にも若干の寄付を願ひ今の芝浦製作所のある處にグラウンドもスタンドも出來た。それが日本で野球グラウンドの皮切りである」―胸をはる平岡の言葉が聞こえてきそうな日本初の野球専用グラウンドはスタンドを備え、「みる」ことも意識された。前述の開成学校の大久保兄弟や慶應義塾の村尾次郎らに加え、グラウンドができると築地の外国人居留地から米国人が2～3人、工科大学や農科大学（ともに東京帝国大学に合併、後に東京大学）からも参加者があり、そのうちユニホームができて、外部から試合が申し込まれるようになった。「明治十一（1878）年頃と記憶する」と平岡は述べている。

『慶應義塾野球部百年史』には「構内の芝浦よりにアメリカをまねた美しく芝を

植えた本式のグラウンド」とある。慶應義塾大学の福澤諭吉記念慶應義塾史展示館が 2022 年春に企画した『慶應野球と近代日本』展では参謀本部陸軍部測量局作成の測量原図「東京府武蔵国芝区浜崎町近傍」の写しが展示され、浜離宮西側の新橋鉄道局用地南端の未開発地に「荒」「芦」の表示に混じり「芝」と記された長方形の土地があった。スタンドをもつ芝のグラウンドに平岡の米国野球への思いがのぞく。

　その後、1882 年に鉄道局保有の品川八ツ山下の広場に「保健場」がつくられた。新橋のグラウンドが手狭になり、広い場所を求めて品川に移転したとみるのが自然である。平岡はこのグラウンドを、レクリエーション・フィールドの訳語として「保健場」と名づけた。玉木正之が揶揄する「健康を保つ」意味ではなく、米国流の「楽しむ」を主眼にした場所であった。

「保健場」は会員たちがローラをかけるなどして整備、学校やクラブチームの試合にも貸し出された。相次いで造成されていく早稲田大学「戸塚球場」(1902 年)、慶應義塾大学「三田綱町球場」(1903 年) など大学野球部専用グラウンド、あるいは新橋アスレチック倶楽部に触発されて創られた早稲田系のスポーツ愛好家たちによるスポーツクラブ「天狗倶楽部」が造成に携わった京浜電気鉄道 (現在の京浜急行電鉄) の「羽田運動場」(1909 年) の先駆をなす。羽田運動場はその後の箕面有馬電気軌道 (後の阪神急行電鉄、阪急電鉄) による豊中グラウンド (1913 年) や阪神電鉄の阪神甲子園球場 (1924 年) など、電鉄会社による沿線保有地の有効活用としてのグラウンド、球場造成の嚆矢となる。そうした電鉄会社保有のグラウンド、球場を充てこみ、1936 年に日本職業野球連盟がスタートする。「みせる」原点はどこか、明白である。

5. プロフェッショナルの時代到来を予言した平岡熙

「扨て私の意見をいふと今日斯くまで野球が盛になったのを幸ひ日本でもプロフエツショナルチームを作つては何うかと思ふ」

　1909 (明治 42) 年 9 月 18 日付「時事新報」野球号は、野球のプロチームをつくってはどうか、と提案している。この平岡の「私の意見」こそ、公に日本に「プロフェッッショナル」が登場した始まりとなろう。

　新橋アスレチック倶楽部の影響もうけた工部大学や農科大学に加え、明治学院 (後の明治学院大学) や青山英和 (後の青山学院大学)、学習院 (学習院大学) な

ど次々と出現する学校野球部やクラブチームを抑え、最強を誇った一高を慶應義塾と早稲田が相次いで撃破したのは1904年である。慶應は1888年、平岡のもとで野球を学んだ村尾次郎らを中心に三田ベースボール倶楽部が結成され、1892年に体育会野球部として創部。遅れて早稲田は1901年、押川方存（春浪）、清兄弟に橋戸信（頑鉄）ら野球好きな学生が集まったチアフル倶楽部を母体に初代野球部長安部磯雄が野球部を創る。後発早稲田が「教えを乞い」三田綱町球場で早慶戦が始まったのが1903年。打倒一高の前年であった。

　1905年、早稲田は安部の発案で初の米国遠征を敢行した。渡航費用は5500円、国の歳入が5億4000万円時代の金額である。安部はこの費用を野球部の試合の入場料で賄うことを考えた。結局、創始者大隈重信の決断で費用は大学が負担し野球部は4月から6月にかけて渡米、スタンフォード、シカゴ大学などと対戦し7勝19敗で終えたものの、野球先進国の練習法や戦術、ワインドアップ投法にスライディング、バント戦法や二遊間の連係プレー、スクイズ、そしてバットやグラブ、スパイクなどさまざまな当時の最先端ベースボールを持ち帰った。それによる技量の向上は野球人気をさらに高め、新聞各社の報道も相まって隆盛していく。一行はまたプロの試合を観戦、安部や河野安通志らの職業野球への意識を刺激する機会となった。

　人気となった早慶戦は1906年の3連戦で応援合戦がエスカレート、1勝1敗で迎えた第3戦の応援席の割り当てをめぐって紛糾、双方の興奮は警官隊を呼ぶ騒ぎとなって試合は中止。以後、1925年秋東京六大学リーグ発足の条件として明治大学の仲介を受け入れ、復活するまで両校の対決はみられなかった。ちなみに平岡は新橋アスレチック倶楽部解散後の1902年、スポルディング由来の用具を慶應に寄贈。一族に慶應出身者が多い事もあり慶応びいきとみられるが、それに関わる記録は残していない。ただ慶應野球部は新橋アスレチック倶楽部の楽しさが受けつがれていると称する。

　早慶戦は中止されたが、OBの試合は続き、新聞による報道も手伝って野球人気は広く浸透している。そんな矢先の1907年、慶應はハワイのセントルイス野球チームを招いて試合を行い、その際に入場料を徴収した。安部が考案し実現できなかった日本最初の有料入場試合である。「みる」環境が盛り上がり始める。空気を読みとった平岡は一方学生野球で活躍した選手たちが就職とともにユニホームを脱ぎ、野球から離れていく状況を憂え、「プロフェッショナル」を提言したと考えられる。

前述の「私の意見」はこう続く。「俸給を支給する事にしたら學校を卒業したり會社へでも勤めるようになるとモウ駄目などと云ふ嘆聲は聞かなくて済む」「高い俸給を出せば學生以外にも選手希望者が出て來る」そして、こう結論づけるのだった。

「日本にも早晩此プロフェッショナルの起る時代が来るであろうと信ずる」

　米国留学からベースボールを日本に持ち帰った平岡の残した遺産、蒔いた種は多岐にわたる。倶楽部という野球愛好者の集まりは平岡も関わる日本2番目のクラブチーム「徳川ヘラクレス」を経て、東京の各処から大学、地方へと広がり、鉄道会社に残した野球熱は日本国有鉄道（現・JR各社）管理局野球部に引き継がれて企業野球チーム、社会人野球、都市対抗野球が生まれる。さらにグラウンド造成、グラウンド保有の思想は、鉄道会社の沿線開発を通して中等学校野球、職業（プロ）野球の揺り籠となっていく。

　平岡が予言した「プロフェッショナルが起る時代」は、職業野球の嚆矢とされる1920年、河野が安部の後ろ盾を得て創設した「日本運動協会（通称：芝浦協会）」まで11年の時間が必要であった。そして読売新聞社長正力松太郎が主導した日本職業野球連盟リーグ戦の開始は1936年、さらに15年の時を待たねばならない。紆余曲折のなか、明治の野球草創期に平岡の蒔いた種は、平岡にはなかった「大衆」という意識を背景に「みる」「みせる」最高領域のプロフェッショナルに結びつけた「ふたりの男」によって育ち始める。「みる」意識を広める「新聞」を代表する正力と「みる」場を提供した「鉄道」を代表する阪急電鉄の創始者、小林一三である。とりわけ小林は、「阪急百貨店」「宝塚歌劇団」の創設など大正期に勃興する大衆を強く意識した事業を起こし、1913年に造成した豊中グラウンドは1915年「全国中等学校野球優勝大会」（いまの夏の甲子園、全国高等学校野球選手権）の舞台となった。そしてその年の暮、小林は「プロフェッショナル・ベースボール・リーグ」創設構想を初めて口にする。

　平岡から小林へ、野球の正史とは異なる流れが「プロフェショナルが起る時代」を動かし始めた。「みせる」舞台としてのプロ野球創設へ第2章の始まりである。

【引用および参照文献】
広瀬謙三（1964）『日本の野球史』日本野球史刊行会。
ベースボールマガジン（1994）『日本プロ野球60年史』ベースボールマガジン社。
阪急ブレーブス（1987）『阪急ブレーブス五十年史』阪急ブレーブス／阪急電鉄。

時事新報野球號『日本野球の元祖』1909 年 9 月 18 日付。

菊幸一（1993）『「近代プロ・スポーツ」の歴史社会学』不昧堂

坂上康博（2001）『にっぽん野球の系譜学』青弓社。

国民新聞運動部（2000）『日本野球史』ミュージアム図書復刊本。

君島一郎（1972）『日本野球創世記』ベースボールマガジン社。

佐山和夫（2002）『明治 5 年のプレーボール』NHK 出版。

大和球士（1976）『改定新版　野球百年』時事通信社。

大和球士（1977）『真説日本野球史』ベースボールマガジン社。

正岡子規（1984）『松蘿玉液』岩波書店。

復本一郎（2022）『正岡子規ベースボール集』岩波書店。

堀江義隆（2004）「正岡子規の随筆に見る「ベースボール考」試論」『近畿大学語学教育部紀要』
　　　2004 年 12 月号、p.29-39。

神田順治（1992）『子規とベースボール』ベースボールマガジン社。

鈴木康允、酒井堅次（2005）『ベースボールと陸蒸気』小学館文庫。

小野田滋（2018）「鉄道人物伝 NO.14「野球を広めた鉄道技術者　平岡熙」、鉄道総合研究
　　　所『RRR』2018 年 5 月号、p.34-35。

大澤輝嘉「徳川庭園と本邦二番目の野球チーム」『三田評論』第 25 回、2008 年 6 月号など。

高橋義雄（1934）『平岡吟舟翁と東明曲』秋豊園。

池井優（1976）『白球太平洋を渡る―日米野球交流史』中央公論社。

福澤諭吉記念慶應義塾史展示館（2022）『慶應野球と近代日本展』慶應義塾大学出版会。

小関順二（2013）『野球を歩く』草思社。

玉木正之（1991）『ロバート・ホワイティング；ベースボールと野球道』講談社。

前田祐吉（1990）「野球はもっともっと楽しいもの」『Baseball Clinic』1990 年 4 月号、p.64-69。

丸屋武士（2014）『嘉納治五郎と安部磯雄』明石書店。

横田順彌（2006）『嗚呼!!明治の日本野球』平凡社。

横田順彌（1991）『熱血児 押川春浪』三一書房。

馬場信行（2019）「明治後期以降の京浜電気鉄道開設の羽田運動場に関する設置基本構想お
　　　よび整備、運営内容の分析」日本都市計画学会『都市計画論文集』V ol.54 NO.3、2019
　　　年 10 月、p.367-374。

鹿島茂（2018）『日本が生んだ偉大なる経営イノベーター小林一三』中央公論新社。

小林一三（2006）『私の生き方』（復刻版）PHP 研究所。

綿貫慶徳（2001）「近代日本における職業野球誕生に関する史的考察」『スポーツ史研究』
　　　2001 年第 14 号、p.39-53。

清水諭（1998）『甲子園野球のアルケオロジー』新評論。

佐野慎輔ら（2016）『企業スポーツの現状と展望』創文企画。

北海道ボールパークホームページ https://www.hkdballpark.com/

スポーツ庁ホームページ https://www.mext.go.jp/sports/

野球殿堂博物館ホームページ https://baseball-museum.or.jp/

JR 東日本野球部ホームページ https://www.jreast.co.jp/baseball/

MLB のビジネスモデル

小林　至
桜美林大学

はじめに

　今からおよそ 30 年前の 1995 年、NPB と MLB の推定市場規模は、それぞれ 900 億円と 1400 億円とそれほど差はなかった。それどころか一球団あたりにすると NPB75 億円に対して、MLB は当時の球団数 28 球団で割ると 50 億円、むしろ NPB 球団のほうが平均売上は高かった。しかし、その後 MLB は年々大幅に市場を拡大し、コロナ禍前の 2019 年の時点で、NPB は推定 1800 億円、MLB は 1 兆 4350 億円と、両者の市場規模の差は 8 倍近くにまで拡大している。

　そのことは、2023 年に NPB から MLB に移籍した選手の年俸をみても明らかだ。

　吉田正尚（29 歳）：　4 億円→ 24 億円、5 年 9000 万ドル（117 億円）
　千賀滉大（30 歳）：　6 億円→ 20 億円、5 年 7500 万ドル（97.5 億円）
　藤浪晋太郎（28 歳）：5000 万円→ 4.2 億円、1 年 325 万ドル

　また、NPB の一軍選手の平均年俸は推定 9000 万円、MLB の平均年俸は 5 億 7000 万と、市場規模とほぼ同じ、8 倍もの差となっている。市場をここまで拡大させた MLB のビジネスモデルとは、一体どんなものなのか？

　※簡略のため、本稿における為替レートはすべて $1= ￥ 130 とした。

1.　MLB 機構への権利委託

　MLB ビジネスの特徴は、第一に、独禁法（反トラスト法）の適用を免れてい

ることである。所属球団が、拠点とする球場を中心とした地域権を、営業独占地域として保護されていること、参入・退出や、既存球団の移転についての自由がないことは、MLBビジネスの根幹だが、いずれも、一般的な経済活動においては、競争を阻害する違法行為とみなされる。1922年の最高裁判決の産物で、以後、何度か異議申し立てがなされているが、いずれも却下されている。その結果、MLB機構は、各地域で独占市場を形成し、高い価格支配力を行使することが出来ている。

　もうひとつの特徴は、私企業の集合体であるリーグを1つの企業のように運営するビジネスモデルである。これも通常の商行為であれば、カルテルとして独禁法違反に問われる可能性が高いが、MLBが独禁法の免除を受けていることからはじまった、北米のプロリーグ独特のしくみである。ただし、リーグの立場からその合理性を説明するならば、リーグの存続と繁栄が同じ競技の他のリーグ、さらには他競技を含む多様なエンターテインメント産業との競争に晒されており、十分な競争環境にあるということになる。実際、米国のエンタメ市場は、世界で最も苛烈な競争的環境である。

　それでも、リーグとチーム、どちらに商品（諸々の権利）の取り扱いを帰属させるかは、簡単な話ではない。それぞれのチームは、選手年俸も含めた興行に伴う様々なコストを負担し（つまりリスクを取って）、利潤を追求している。しかし、リーグあるいは競技の繁栄なくして、チームの繁栄もないことも自明である。ということで、リーグの利潤と、チームの利潤の両者を満たすことが、このビジネスモデルの肝となる。MLBはどのようにして、リーグとチームの利潤を満たしているのだろうか。

　スポーツ興行における収入源、つまり、試合を元に発生する諸権利は、大別すると、チケット（スタジアム内物販を含む）、放送権、スポンサーシップ、マーチャンダイジング（MD、ライセンス料）の4つに分けられる。これらの権利は、常識的に考えれば興行主に所属する。欧州のサッカーリーグやNPBは、実際、そうなっている。しかし、北米のプロスポーツリーグは、これらの権利を、チームが個別に売るよりも、リーグで一括して処理することで、価格支配力を高めることできるという考え方に基づいて運営されている。

1.1　地域権

　その大原則となるのが地域権である。MLBとMLB所属球団は、代理店契約

（Agency Agreement）を結び、所属チームには、それぞれ営業独占地域（operating territories）が付与される。顧客であるファンの奪い合いを避けるためである。

- 営業独占地域の適正規模は、中心部の人口 50 〜 60 万人以上、圏内 200 万人以上とする。
- 原則として、全主催試合を営業独占地域で開催する。
- 独占的営業権に含まれるのは、レギュラーシーズンにおける試合興行に伴い発生する諸権利で、スタジアム収入（チケット、物販、駐車場など）、ローカル局への放送権（ラジオ、テレビ）である。
- 大都市に限り 2 球団認める。
- 2 球団所在する都市では、ホームゲームが重複しない。

　ちなみに、日本のプロ野球においても、地域権が保護地域として規定はされているが、日本における地域権は、MLB の operating territories に比べると緩やかなものになっている。たとえば、MLB が、原則として全主催試合を営業独占地域で開催することを義務付けられているのに対して、NPB 球団は、保護地域内で実施する主催試合は 50％以上となっている。また独占的営業権には、放送権は含まれていない。

　この営業独占地域において、各球団が管理する権利処理の詳細についてはのちほど述べるとして、まずは MLB 機構が一括管理する権利からみていこう。

2.　MLB 機構が一括管理する権利

2.1　放送権収入

　MLB 機構が、全権の委託を受けて販売しているのが、全国放送である。全国放送の放送権に含まれるのは、ワールドシリーズの放送権を含むポストシーズンの放送権、オールスター、そしてレギュラーシーズン中の試合の一部である。国際放送権もここに含まれる。2022 年度の全国放送権収入は 2340 億円、全体収入の 16％ と推定されている。

2.2　スポンサー収入

　スポンサーについては、MLB 機構が優先権を持つ。リーグ・オフィシャル・パートナーがそれで、一業種一社、各球団が個別に結ぶスポンサーについては、競合しないカテゴリーに限るというのが原則だが、IOC と各国 OC のスポンサー

プログラムのような厳密性はない。たとえば MLB の自動車部門のオフィシャルパートナーは、シボレーだが、トヨタも複数の球団とスポンサー契約を結んでいたりする。リーグと複数の球団がその保護地域を合算し、広域においてコラボ販売することもある。東京五輪の国内スポンサーがそうだったように、一業種一社にするよりも、買手をみつけ、そのニーズも踏まえながら、数で勝負しているといえる。2023 年に解禁されたユニフォームの袖の広告の権利の帰属は各球団である。2022 年度のスポンサー収入は、各球団が管理しているローカルスポンサー収入も含めて 1550 億円、全体収入の 11% と推定されている。

2.3 マーチャンダイズ（MD）とインターネット収入

マーチャンダイズについて、ライセンス料はすべて MLB が一括管理している。また販売に伴う売上についても、球場外についてはすべて MLB の帰属となる。2022 年のライセンス収入は（球場外のグッズ販売を含む）推定 580 億円、全体収入の 4% である。

インターネットについては、各球団のウェブサイトも含めて、MLB が全権を一括管理している。2022 年のインターネット収入は推定 1250 億円、全体収入の 9% である。

3. 各球団が管理する権利

3.1 入場料収入

次に各球団に帰属する収入源についてみていこう。

まずは入場料収入だ。ここでいう入場料収入は、チケット、球場内物販、駐車場を含めてのものである。チケット販売は、その源流を辿ると室町時代の大相撲に行き着くという、太古の昔からある単純明快なビジネスだが、いまもってスポーツ興行にとっての根幹だと考えられている。なぜかというと、スポーツ興行の売り物は、感動と熱狂であり、そのためには、スタジアムが熱気に満ち溢れている必要があるからだ。MLB は、世界の主要プロスポーツリーグで、最も観客動員が多い。公式戦の試合数が 162 と突出して多いのがその理由だが、シーズン総観客動員数は 6450 万人にのぼる。ちなみに世界 2 位は NPB で、このワン・ツーは不動である。MLB 所属チームの入場料収入は、金額にして推定 5340 億円、全体収入の 37% を占めており、放送権と並んで最大の収入源である。

　なお、この入場料収入には、ワールドシリーズを含めたポストシーズンのチケット収入（球場内物販、駐車場収入はホームチームに帰属する）は含まれない。ポストシーズンのチケット収入は、ポストシーズン出場球団と選手に分配される。球団と選手の取り分は、その割合も含めて、選手会との労使協定で定められており、MLB 機構の管理下におかれる。ポストシーズンのチケット収入は、推定 720 億円、全体収入の 5％を占める。

3.2　ローカル放送権収入

　次にローカル放送権。各球団はそれぞれの地域権内での放送権を地元放送局に販売している。主たる販売先は、州ごと（大きな州では、さらに細かく）に展開されている RSN（Regional Sports Network）と総称されているスポーツ専門局である。商圏人口による格差は大きく、トップのロサンジェルズドジャースのローカル放送権収入は 255 億円であるのに対して、ミルウォーキー・ブリュワーズのそれは 43 億円と大小さまざまである。30 球団の合計額は 2990 億円、全体収入の 21％に相当する。なお、視聴者数は意外に少なく、それぞれの独占営業地域における RSN の平均視聴者数は、最大のニューヨーク・ヤンキースでも 23 万1000 人、最小のマイアミ・マーリンズとなると 1 万 1000 人である。それでも、これだけ（ヤンキースは 186 億円、マーリンズでも 64 億円）の放送権収入を得られるのは、後に述べるが、米国の放送市場のエコシステムがそうなっているからである。

3.3　レベニューシェア

　昇降格のないアメリカのプロスポーツリーグでは、極端な戦力差が生じると、リーグ戦の魅力が損なわれる。そこで、戦力を均衡させるべく、様々な施策を講じている。最も極端なのが NFL で、先に記した 4 つの収入源のうち、放送権、スポンサーシップ、マーチャンダイズから生じる収入はすべて、チケット収入については 40％を NFL 機構が管理し、そのうえで、所属 32 チームに均等に分配する。この NFL が、公式戦の試合数がわずか 17（MLB は 162）と少ないうえに、市場がほぼアメリカに限られているにも関わらず、年間売上が 2 兆 3400 億円と、世界のプロスポーツ団体のなかで突出して大きいことから、NFL が権利処理の理想形であるといわれることもある。

　MLB における資金力の格差是正のための施策は、NFL より穏当なものになる。

一般に、レベニューシェアと称されるその手法を具体的にみていこう。

　先に記した通り、全国放送収入、リーグスポンサー収入、ライセンス収入、インターネット収入は、MLB 機構が一括管理する。これらが経費控除後、所属 30 球団に均等に分配される。2022 年の個々の球団への分配額は推定 130 億円だった。

　さらに、各球団に帰属するローカル収入も分配される。ローカル放送権、チケット収入（駐車場、物販）、ローカルスポンサー収入がそれにあたり、その 48％を MLB に供出したうえで、全球団に均等に分配される。その分配額は推定 156 億円である。ローカル収入が大きい球団はいわゆる割り勘負けとなり、逆にローカル収入が小さな球団は恩恵を受ける。割り勘負けの筆頭は、莫大なローカル放送権料を得ているドジャーズで差し引き推定 117 億円のマイナス。恩恵を受ける側の筆頭はマーリンズで、推定差し引き 91 億円である。

4. MLB の改革

　こうしたビジネススキームにより、巨額の収入を得ている MLB だが、ここに至るまでは、多くの紆余曲折を経ている。アメリカの 4 大プロスポーツのなかで最古の歴史と伝統を誇り、ナショナル・パスタイム（国民的娯楽）として圧倒的な人気を誇った MLB だが、1980 年代には、その座を NFL に譲り、今世紀に入ってからは、NBA の後塵を拝している。多様な娯楽がひしめきあうアメリカにおいて、人々の時間とおカネを引きつけ続けるのは容易なことではないのだ。

　MLB が直面した最大の試練は 1994 年のストライキだった。選手年俸を含めた労使交渉が紛糾し、選手会は 8 月、ストライキに入り、以降のシーズンは中止となり、ワールドシリーズも開催されず、翌 1995 年の開幕も、1 か月遅れてのスタートとなった。232 日にも及んだストライキの代償は大きく、ミリオネア vs ビリオネアの醜悪な争いと全米中から非難され、人気は失墜した。

　この絶体絶命の大ピンチを、改革の好機と出来たのは見事だった。なかりせば出来なかったかもしれない大胆な回復策を次々に打ち出すことが出来たのだ。最初に手掛けたのが経営者サイドの組織改革である。3S（シンプル、スリム、シナジー）を掲げ、意思決定の簡素化と迅速化のために、MLB の意思決定をコミッショナー事務局に集約した。MLB は、アメリカンリーグ、ナショナルリーグに分かれており（日本におけるパリーグ、セリーグに相当）、それぞれが事務局を構えていたが、これを廃し、コミッショナー事務局に一本化した。

こうして意思決定を簡素化、迅速化したうえで、次々に新機軸を打ち出してい
った。交流戦（アメリカンリーグとナショナルリーグの球団がシーズン中に対戦
する、1996 〜）を手始めに、エクスパンション（タンパベイレイズとアリゾナ・
ダイヤモンドバックスの 2 球団を新規参入させて計 30 球団に、1998 〜）、経営
不振球団の直轄管理と移転（モントリオール・エクスポズ。2002 年に直轄化し、
2004 年に売却し、ワシントン・ナショナルズに）、WBC の創設（2006 〜）、プレ
ーオフの拡大（進出チームを 8 から 10 に、ラウンド数を 3 から 4 に、2012 年）
など一連の改革を施し、経営を安定させ、売上を向上させていった。

これらの改革のなかで、最も秀逸だったと考えられているのが、インターネッ
トに関する権利をすべて MLB に集約させたことだ。2000 年に 0 からスタートし、
17 年後に企業価値 4500 億円に化けたこの成功物語は、ハーバード・ビジネス・
スクールのケースブックにも採用され、世界中から称賛された。

5. MLB と NPB のビジネス規模の差異についての考察

冒頭に述べた通り、30 年前、さほど違いがなかった MLB と NPB のビジネス
規模は、その後、今に至るまで拡大の一途を辿った。その間、フィールド上、つ
まり両リーグの野球のレベルの差は縮小していることを考えると、皮肉というか
不思議なものだが、ここまで述べた通り、MLB ビジネスは、アメリカ国内では、
NFL と NBA の後塵を排してはいるものの、野球のリーグのなかでは、世界 2 位
の NPB に大きく水をあけ、圧倒的な存在となっている。

5.1 放送市場の違い

その差の最大の要因は放送権収入である。MLB の放送権収入は全国放送が
2340 億円、ローカル放送が 2990 億円で合計 5330 億円になる。それに対して
NPB の推定放送権収入は 270 億円であり、ほぼ 20 倍の差がある。その要因として、
テレビ視聴にカネを払う習慣の差異があげられる。

米国では広大な国土を持つため、ケーブルテレビが普及しており、放送市場は
一地域一社の独占市場となっている。消費者（視聴者）に対して、高額のサブス
クリプション・フィーを課すことが可能であり、儲かる業界となっている。一方、
日本では無料放送が主流であり、有料放送の普及率は低いため、放送市場の拡大
が限られている。

その巨大な市場環境のもとで、多チャンネル化によるコンテンツ争奪競争が繰り広げられている。これにより、スポーツ局として世界最大手の ESPN など専門チャンネルが次々と誕生してきた。一方、日本ではケーブルや CS を通じた多チャンネル化は嗜好品にとどまり、放送市場の活性化が進んでいないのだ。

5.2　コンテンツの共有は日本では道半ば

　日本のもう一つの特殊な事情は、親会社の存在による権益のぶつかりである。たとえば、読売巨人軍は NPB の一員であるが、同時に親会社である読売新聞は、日本テレビなどと共に複合メディア・グループを構成しており、巨人の映像・画像・肖像は、グループの虎の子でもある。そして、ヤクルトスワローズの大株主であるフジサンケイグループや、中日ドラゴンズの親会社である中日新聞とは、競合他社であり、コンテンツや顧客情報の共有を伴う共同事業には慎重にならざるをえない。セパの積年の対立構造もあいまった大人の事情が複雑に絡み合う NPB は、MLB のように、過去から現在までの全映像を一括管理し、ビジネスの源泉とするところに至っていないのだ。

　そうした中で、パ・リーグが作った共同事業会社であるパシフィックリーグマーケティング（PLM）の成功は、MLB のような権利処理に向けての第一歩になるかもしれない。

　PLM はパリーグ球団主催の全試合のライブ映像とアーカイブ映像を一括管理しているほか、公式ウェブサイトの運営や SNS への動画投稿、他スポーツ団体への横展開など、活動の場を広げている。さらに、デジタルサービスだけでなく、リーグスポンサーの企画・販売・実施管理や共同イベントも手掛けている。業績は右肩上がりで、会員数も 8 万人以上、売上も 50 億円を超えた。この PLM のサービスが 12 球団に広がり、NPB 版 MLBAM になることで、プロ野球ビジネスは新たな成長機会を得るだろう。

5.3　スタジアム運営の違い

　野球のプロリーグでは、各球団に本拠地となる球場が存在するが、球団と球場が一体経営していないケース、つまり球団と球場をそれぞれ別の会社が運営している「賃貸型」だと、経営上の「ねじれ」が生じ、球団経営に大きな制約となる。端的にいえば、売上が伸びない。その代表的な例が、日本ハムファイターズと札幌ドームの関係で、球団は球場側に高額の使用料を払う必要があるうえに、広告

や飲食テナントなどに絡む「営業権」も、原則として球場側に帰属するため、これらの売上が直接球団の収入にならない。

　球団が球場を買収したり（DeNA ベイスターズによる横浜スタジアムの TOB、2016 ～）、自前で建設（日本ハムファイターズによるエスコンフィールド北海道の建設、2023 ～）したり、運営権を得る（千葉ロッテマリーンズが ZOZO マリンスタジアムの指定管理者に、2006 ～）などして、経営を一体化すると、こうした収支面での改善が期待できるほか、観客のニーズに合わせた臨機応変な施設改修や飲食メニューの導入といった、球場サービスの充実が見込めるようになる。

　MLB には、こうした「賃貸型」の苦心・苦労がそもそもない。30 球団中 24 球団がそうだが、公設球場を格安で借りており、球場から発生する収入も球団に属する仕組みになっている。残る 6 球団は自前だ。自治体主導のスポーツチーム誘致が盛んなアメリカでは、球団側が選ぶ立場にあるため、NPB とは逆に球団優位の状況になっている。

　例えば、ミルウォーキー・ブリュワーズの本拠地球場は、自治体が無償提供し、ブリュワーズが年間 130 円の賃貸料を支払い、すべての収入が球団に属している。これは特殊な例ではなく、典型的な例である。

5.4　アメリカの自治体が税金を投入する背景

　米国の自治体は財政的に厳しく、市民の目は日本以上に厳しい。中央政府からの補助金に頼らず、収支トントンが至上命令だ。それにもかかわらず、MLB 球団が好条件を得る理由は、地域住民や企業、行政がプロスポーツチームがコミュニティ形成に寄与していると認知しているためである。自治体の機能を代替していると考えられているため、公園や図書館と同じように扱われているのだ。

　また、球団が他の都市に移転する可能性があることも理由のひとつである。アメリカでは地方行政が独立採算を求められ、裁量も与えられている。消費税も州によって異なる。また、MLB を含めた主要なスポーツ団体は、専門のロビイストを雇い、政治献金も積極的に行うなど、政治的影響力を持っている。

　日本ではこうしたことは現実的ではない。たとえば、血税を使って球団を支援することは厳しく批判される。J リーグが公共性とスポーツ文化が地域に寄与することを説き、公共スタジアムの使用料減免や税金による資本注入への道を切り開き、プロスポーツ団体が、使用施設の指定管理者となることが認められるなど、

変化の兆しはある。しかし、米国と比較すると日本の行政の支援は限定的である。

5.5 球場収入

　野球興行は試合数が多く、いまも球場収入が主要な収入源である。MLB では総収入の 37% を占める。日本の NPB も総収入の半分程度が球場収入である。客単価は MLB が約 8300 円、NPB が約 6000 円で、日米の所得格差を考慮すると、差はほぼないと言ってもいいだろう。

　違うのは、アメリカでは需給にもとづく高額な値付けが定着していることだ。たとえば、ワールドシリーズの入場券平均価格は 26 万円に対し、NPB の日本シリーズは 5000 円〜 8000 円で推移している。

　アメリカではパレートの法則に従い、富裕層を重視し、幅広の座席やクラブシートなどのプレミアム・シートの導入・拡充に熱心で、これが収入増に大きく寄与している。日本でもプレミアム・シートの導入が進んでいるが、価格に見合うシートやサービスを拡充するためには、施設の新設や改築などを要する。しかし、先述した通り、アメリカのような行政の負担は難しく、なかなか進まない。

　また、転売市場においても日米の姿勢が異なる。アメリカでは転売市場が一次流通市場の 30％を超える大きな市場に成長しているが、日本では転売市場への制限を求める動きが強く、二次流通市場の市場規模は一次流通の 5％程度に留まっている。

6.　資産価値は右肩上がり

　プロスポーツチームの売買価格は留まることなく、値上がりが続いている。MLB の直近の例でいえばニューヨーク・メッツ。2020 年オフ、ヘッジ・ファンドで財を成したスティーブ・コーエン氏に 3120 億円で売却された。前オーナーのフレッド・ウィルポン氏が、2002 年に買収を完了した際の株式総額は 508 億円だったから、資産価値は 18 年で 6 倍以上になったことになる。ちなみ世界を見渡すと、史上最高額は、2022 年にウォルマートの創業家が買収したデンバー・ブロンコス（NFL）で、その額 5980 億円である。

　このように急騰している理由はまず、プロスポーツチームの売上が大きく伸長した。たとえば、MLB 球団の年商は、2001 年の 167 億円から 2022 年の 478 億円へと 3 倍近くになった。次に大金持ちの数が劇的に増えたことが挙げられる。

個人資産 10 億ドルを超える富裕者をビリオネアというが、その数は 2001 年が
538 人、いまは 2668 人、5 倍増である。世界級のプロスポーツチームのオーナー
という、このうえない栄誉を欲する数は増えたが、その対象は限られる。需要過
多の状況が、価格を押し上げているのだ。

　そしてもうひとつ、これはアメリカに限ったことだが、税制優遇がある。先に
も記したが、アメリカのプロスポーツチームが、公設球場を廉価で占有できるこ
とについては、アメリカ国民の間でも賛否はあるものの、プロスポーツが文化と
して根付いていることを象徴するエピソードではある。それに加えて、買収価格
を丸々、減価償却できる税制優遇が与えられているのだ。
　日本の企業買収において、減価償却が認められるのは、買収価格から純資産額
を引いた「のれん代」のみである。アメリカでは償却は認められておらず、資産
計上したうえで業績に連動した評価が毎年行われる。ところがプロスポーツチー
ムに限っては、買収価格をすべて、15 年に渡って償却できるのだ。これがどれ
ほどオイシイかというと、仮に 1500 億円で買収をしたとして、毎年 100 億円を
損金算入できる。償却前の営業利益が 100 億円とすると 40 億円の法人税を支払
う必要があるが、これがゼロになる。
　さらに、償却額が営業利益を上回った場合は、オーナー個人の損失として申告
することが可能だ。アメリカは、日本のような源泉徴収がなく、誰もが確定申告
をするため、日本よりも税意識が高い。そのアメリカで、プロスポーツチームが
なぜこんな特別扱いを受けられるのかというと、2004 年に本制度が導入される
以前のルールの「欠陥」を矯正するためだった。以前のルールでは、買収時の選
手の総契約額の半分を 5 年に渡って償却できた。選手の契約額は費用としても計
上されるため、ダブルカウントとなり、これは拙い。もうひとつは、従前のルー
ルでは、償却期間を過ぎると、売却する動機が高まるからだという。以前のそれ
もいまのそれも、こんなのありかいな、という気がするものの、アメリカにおけ
るプロスポーツのプリゼンスの高さが分かる話ではある。

7. Looking Ahead

　躍進を遂げてきた MLB だが、今後の見通しはどうだろうか。
　2022 年の売上は、先に記した通り 1 兆 4350 億円、コロナ禍前の水準（2019 年）

を回復したが、観客動員は、長期低落傾向を脱していない。2022年の観客動員は26,567人、最高を記録した2007年の32704人から19%ダウンである。

　視聴者数も右肩下がりである。ワールドシリーズの1試合当たり平均視聴者数は、野球がNo.1スポーツだった1978年の4420万人をピークに長期低落傾向にあり、2022年のそれは1200万人だった。米国も日本と同じくテレビ離れは顕著で、娯楽の多様化ともあいまって、スポーツ中継の視聴者数は減少傾向にあるものの、日本と違い、米国は、人口が増え続けている国であり、同期間にほぼ倍増している。実際、同期間、NFLの年間王者決定戦であるスーパーボールの視聴者数は、7470万人から1億1230万人へと増加している。つまり、野球観戦を楽しむファンの減少は本当だということだ。

　ファンの高齢化も進んでおり、平均年齢は2005年の52歳に対して、2017年は57歳、未成年（18歳以下）のファンは7%に留まっている。若いヒトが野球観戦をしない最大の要因とMLBが分析している試合時間の長さも、歯止めをかけることが出来なかった。1970年に2時間34分だった平均試合時間は、1990年に3時間1分、2021年には3時間11分と、じりじりとしかし確実に増え続けていった。

　こうしてみると、インターネット時代のフロントランナーとなるなど、洗練されたビジネス手法をもって売り上げを順調に伸ばしてきたMLBだが、先行きは不透明にみえる。実際、MLBもそう考えており、そのための大規模な改革が2023年に発動している。

　日本においても大きく報道されている、ピッチクロックに代表されるルール改正がそれである。その詳細はネット検索に譲るが、ピッチクロック、牽制球の回数制限、ベースの拡大、極端なシフトの禁止など、いずれもファン目線での改革である。大規模調査の結果、ファンが求めているのは、より短い時間で、躍動感のある野球で、三振と本塁打の数が極端に増え、野手と走者の動きがほとんどない近年の野球はつまらないと出たのだ。

　興味深いのは、この改革を主導したセオ・エプスタインは、その"つまらない野球"を加速させた一人であると自身が認めていることだ。統計を元にした斬新な選手評価・戦術を採用して、低予算ながら強力なチームを作ったGM（チーム編成の責任者）を描いたマネーボールが出版されたのが2003年。以降、MLBの野球は、統計解析に傾注していき、GMは、数理に精通した秀才が担うようにな

った。

　数理統計を駆使したチーム編成で、ボストンレッドソックスとシカゴ・カブス
をワールドシリーズ優勝に導いたエプスタインは、その潮流を決定づけた一人と
されている。いまや 30 球団のＧＭは、プロ経験者はわずか 8 名、MLB 経験者は
わずか 3 名。一方で、アイビーリーグ出身が 6 名、7 名が修士以上、野球未経験
者が 10 名である。エプスタインもエール大卒、野球経験はない。

　こうして、数理統計にもとづき、攻撃においては得点確率を高め、守備におい
ては被得点確率を下げるための戦術を追求していった結果、野手や走者の動き
が少ない、三振か本塁打の"つまらない"野球に変容していった。エプスタイン
は、2021 年に、「野球を本来の姿に戻すために」MLB のコンサルタントに就任し、
ここに至るまで、調査分析を担当してきた。

　本稿執筆時点で、開幕してほぼ 1 カ月、現場では、新ルールの適用や解釈を巡
って混乱もあるが、ファンの間の評判はすこぶる良好で、ネット中継の視聴時間
は 1.5 倍になった。効果もてきめんで、試合時間は 30 分減少し、盗塁数は倍以
上に増え、打率も 1 分以上上がるなど、時間減、躍動増の狙いはズバリ的中して
いる。

終わりに

　いま MLB が直面している最大の課題は、MLB30 球団中 14 球団のローカル放
送権を保有しているダイヤモンド・スポーツの倒産である。ダイヤモンド・スポ
ーツは、各地域で、スポーツ専門局 Bally Sports を展開している。LA エンジェ
ルズのローカル放送権を保有しているのも同社で、大谷がプレーする試合中継で
映り込む、赤い Bally のロゴといえば、ピンと来る方もいるだろう。

　ご承知の通り、通信と放送の境目はほぼなくなり、筋書きのないドラマが展開
される優良スポーツ・コンテンツの放送権は、両者入り乱れたバトルロワイヤル
が展開されている。MLB の放送権についても、2023 年はアップル TV が金曜の
2 試合を放送する。過去に放送権を取得したユーチューブ、ツイッターが条件次
第で再参入を検討している。更には、NETFLIX が、スポーツのライブ中継を検
討していて、その際は、毎日、試合が開催され、NFL や NBA よりは放送権が安
い MLB が第一弾となる可能性がある旨、報じられてもいる。

　優良スポーツ・コンテンツの放送権獲得を巡る競争の激化は、売手であるスポ

ーツ団体（とチーム）にとっては、価格支配力が高まることであり、歓迎すべきことである。一方で、RSNと、RSNを含めた多チャンネルをセットで視聴者に販売してきたケーブル配信業者にとっては悪夢である。従来、視聴者は、スポーツ中継を視聴するためには、ケーブル配信局が提供する、みたくもないチャンネルがバンドリングされたサービスを高価格でサブスクするほかなかった。しかし、ケーブル局と契約することなく、スポーツ中継を楽しめるようになったいま、割高のケーブル局との契約を打ち切るコード・カッティング（cord cutting）がムーブメントとなっている。その影響は深刻で、スポーツ専門局として世界最大手であるESPNでさえ、ケーブル配信局を通じた視聴世帯数はこの10年で25％減となった。コード・カッティングの影響は、地元チームの試合中継がコンテンツの中心であるRSNにとってはより深刻で、いずれ淘汰が起こると予想されていたが、現実のものとなったという次第である。

　しかし、当初、思われていたほど、MLB各球団は影響を受けないかもしれない。先にも記したが、巨大ネット企業が、筋書きのないドラマが展開されるスポーツ中継は、多額の放送権を払ってでも獲得する価値があると考え始めている。ご承知の通り、ネット企業の資金力は潤沢で、ネットフリックスの年間制作費が2兆円とか、いわゆるGAFAMの時価総額は日本の全上場企業の時価総額の1.5倍とか、桁違いである。

　MLBのコンテンツ力が衰えないだろうと考えられるもうひとつの要素は、スポーツベッティングの浸透である。スポーツベッティングは、2018年に解禁され、全米に燎原の火の如く市場が拡大し、いまや月1兆円を超える額が賭けられている。賭けるということは、試合を見るということでもあり、スポーツコンテンツの価値は増大している。NFLの放送権が、従来の1.8倍、年間1兆4700億円平均の10年契約で更新された大きな要因がスポーツベッティングの浸透だといわれている。

　すべてのプレーが数値化され、一球ごとにプレーが途切れる野球は、ベッティング・コンテンツとして秀逸である。MLBの試合を対象とした賭け金は、1試合平均20億円にのぼるとも言われている。そんなバカなというなかれ。日本人も、中央競馬に年間3兆円を賭けており、年末のグランプリ有馬記念ともなると、2分30秒のレースに500億円を賭ける。

　2023年オフにFAとなる大谷の契約が、MLB史上最高額となることが確実視

されている。現在の最高額は大谷の同僚、マイクトラウトの 12 年 554 億円だが、大谷を獲得するには、最低でも 10 年 780 億円（つまり 6 億ドル）が必要だろうといわれる。一体、どこからそんなカネが出てくるんだ、という疑問が、本稿によって多少なりとも氷解したのであれば、筆者にとってミッション・コンプリートである。

【参考資料について】
　自著【野球の経済学（2022、新星出版社）、スポーツの経済学（2020、PHP）、プロ野球ビジネスのダイバーシティ戦略（2019、PHP）】のほか、頼ったのは以下のウェブサイトである。
★ MLB の経営数字の多くは、fobes.com の調査分析から引用した。特に参考にした URL は以下である。
Baseball's Most Valuable Teams 2023
　　https://www.forbes.com/sites/mikeozanian/2023/03/23/baseballs-most-valuable-teams-2023-price-tags-are-up-12-despite-regional-tv-woes/?sh=1990b3da6501
MLB Attendance For 2022 Down Nearly 6% From 2019
　　https://www.forbes.com/sites/maurybrown/2022/10/06/mlb-attendance-for-2022-down-nearly-5-from-2019-last-year-before-the-pandemic/?sh=4dd074365109
★ MLB の契約額については、spotrac.com の調査分析から引用した。特に参考にした URL は以下である。
MLB Contracts
　　https://www.spotrac.com/mlb/contracts/
★ wikipedia も重宝した。特に参考にした URL は以下である。
Major professional sports leagues in the United States and Canada
　　https://en.wikipedia.org/wiki/Major_professional_sports_leagues_in_the_United_States_and_Canada
List of professional sports leagues by revenue
　　https://en.wikipedia.org/wiki/List_of_professional_sports_leagues_by_revenue
List of attendance figures at domestic professional sports leagues
　　https://en.wikipedia.org/wiki/List_of_attendance_figures_at_domestic_professional_sports_leagues

スポーツビジネスの現場学

久保　博

日本スポーツ推進機構理事

1. はじめに

　スポーツビジネスを体系的に学んだことはありません。学問的な立場で論じたり、考察した経験もありません。日々の仕事として、スポーツを楽しむファンが何を求めているのか。それにどう応え、何を提供できるのか。ビジネスとして拡大していくにはどうしたらいいのか。読売新聞社事業局と読売巨人軍時代を通じ、20 年余りにわたって手探りし、学び、現場で考えてきました。

　その大半は、「国民的娯楽」と言われるプロ野球、東京ドームのジャイアンツ戦や WBC（ワールドベースボールクラシック）、日米野球、MLB 開幕戦などのいわゆる興行（エンターテイメント）、言い換えればスポーツをビジネスとしてマネジメントする事でした。

　私なりに、スポーツビジネスを定義すれば、「アスリートが最高のパフォーマンスを発揮し、ファンが熱狂する舞台をビジネスとして作り上げ、成長させ、スポーツの社会的な価値、経済的な価値を高めていく循環を生み出すこと」です。

　スポーツには、スポーツにしか創れない「熱狂」があります。スポーツビジネスとは「共時的熱狂」をマネタイジングしていくことだと言い換えてもいいと思います（図 1）。大学スポーツの頂点、箱根駅伝や全国大学野球選手権大会、高校総体（インターハイ）にも関わりましたが、いわゆるアマスポーツと呼ばれるものでも、スポーツビジネスの視点とノウハウは欠くことのできない要素だと思います。

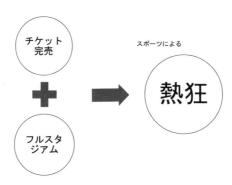

図1　スポーツビジネスの必要十分条件

　では、熱狂を創るのに必要な要素とは何でしょうか。結論を先に言ってしまうと、興行であれば「チケット完売」と「フルスタジアム」を実現すること、目指すこと。それに尽きると思います。

　この論考は"熱狂創造産業"に携わった現場報告として読んでいただければ幸いです。

2.　イベント局へ

2.1　社内転職

　経歴を簡単に振り返っておきます。新聞社編集局から事業局事業開発部に異動したのは1995年9月のことでした。ニュースを追いかけ、取材し、原稿を書く仕事から、イベントを担当する営業職への異動は、社内とはいえ"転職"したも同然でした。

　事業局にはスポーツ事業部や美術展などを担当する文化事業部がありましたが、配属されたのは事業開発部というところ。教育関連イベントや社会貢献事業などを主に担当しますが、一方でスポーツと文化以外ならなんでも企画できるノンセクションの部署でした。地方の小さなイベントを含めれば、年間に数百件、年間スケジュールをプロットするとカレンダーが埋まってしまうほどでした。新聞社のイベントの裾野の広さと歴史を感じました。

　稟議書の書き方や事業計画書やセールスシート、収支見通しの予算書作成などイベントのイロハを知りました。そして、半年もすると記者時代とは違う面白さ、楽しさにすっかり魅せられました。

イベントを担当すると、編集局、広告局、販売局、デジタル関連局などほとんどの部局との関わりができます。視点を変えれば、新聞社の組織、経営資源を戦略的に使える仕事ということです。毎日、家庭や職場に届けられる 1000 万部（最盛期）の新聞部数、日本一の情報発信力がバックですから、一つ一つのイベントが手応えがありました。

2.2 スポーツ事業部

スポーツ事業部に移ったのは 1999 年 8 月でした。2001 年 6 月に同部長に就任、スポーツをビジネスとしてマネジメントする責任者に就きました。以来、新聞社で 14 年余り、さらに読売巨人軍社長など 5 年を加えると、プロスポーツとの関わりは約 20 年にも及ぶことになりました。

同事業部は、プロ・アマ野球、サッカー、大学駅伝を初めとした陸上、ラグビー、ゴルフ、柔道、剣道、高校総体（インターハイ）、さらにマイナーな競技まで担当し、たくさんの競技団体、著名なアスリートなどスポーツ関係者とのお付き合いができました。

全国紙から地域紙にいたるまで、新聞社は国際的なビッグイベントから、市町村レベルの朝野球、少年スポーツといった地域スポーツまで数えきれないほど関わっています。関わる形態にも「主催」「共催」「後援」「協力」など濃淡があります。

新聞社が関わるスポーツイベントの数は、果たして日本全体でどれぐらいになるか想像もつきませんが、それぞれの歴史を繙けば、新聞社はその数だけ日本のスポーツを支えて来たと言えるでしょう。

3. ジャイアンツ戦

3.1 二頭立て

スポーツ事業部のもっとも大きな仕事はジャイアンツの興行です。広辞苑によると、興行とは「客を集め、入場料をとって演劇・音曲・相撲・映画・見せ物などを催すこと」とあります。プロ野球は演劇や映画、相撲と同じように、人を楽しませるエンターテインメント産業の一つということです。

ジャイアンツには他の球団のように「営業本部」など興行を担当する部門がありません。球団が新聞社に興行業務を委託し、スポーツ事業部が実務を担うという構造になっています。ですから、部内の「野球班」は球団の「営業本部」なの

です。

ジャイアンツは、新聞社がビジネス・オペレーションを担い、球団は強く、人気のあるチームをつくるベースボール・オペレーションを担うという「二頭立て」という図式です。この仕組みが、ジャイアンツの興行的な成功に止まらず、MLB（メジャーリーグ）との信頼と協力の関係や、ニューヨーク・ヤンキースとの提携、アジアの野球界との交流を通じたビジネスでの成功に繋がっています。

興行の舞台は、ほとんどが東京ドームです。1シーズンを通し、公式戦、クライマックスシリーズ、日本シリーズ（NPBからの業務委託）、オープン戦があり、主催する試合数は80〜90試合になります。

これに加えて、1931年から続いている日米オールスターチームによる「日米野球」があります。また、2000年に「メッツ対カブス戦」を成功させ、「デビルレイズ（現レイズ）対ヤンキース戦」、「アスレチックス対マリナーズ戦」など半ばレギュラー化したMLB開幕戦、2006年にスタートしたWBCとそれぞれを4、5年おきに開催してきました。MLB絡みの国際試合は、ほぼ毎年やってることになります。これらを加えると、年間試合数は110試合ほどになります。

3.2 東京ドーム

ジャイアンツ戦の舞台となる東京ドームは、1988年春にオープンした国内初のドーム球場。エアドームの屋根と人工芝のグランドが特徴です。シーズンオフには大規模なコンサートや、世界ラン展などの催しが開催され、多目的ドームとして、イベントのメッカの地位を保ち続けています。しかし、すでに35年。アメリカなら大規模改装が行われるか、建て替えるかの年齢に達しています。

入場したことのある方は、回転扉を開けた途端に猛烈な風が噴き出してくるのを体験したことがあるでしょう。ドームは24時間、365日、1.1気圧に加圧され、風船のように膨らんでいるスタジアムなんです。

一番の良さは立地とアクセスです。都心のど真ん中にあり、周辺にはJR、東京メトロ、都営地下鉄が囲むように走り、少し歩けば数駅が利用できます。

試合が終わると、4万人を超える観客が一斉に家路につきます。4万人といえば地方都市一つ分です。しかし、出入り口付近を除けば、人の流れで渋滞することはほとんどありません。水が砂地に染み込むように、30分程度でドームは空っぽになってしまいます。国内はもとよりMLBでも、こんなスタジアムは稀でしょう。毎試合、ドームに地方都市を一つ作り、終わったら解散する。その流れ

をいかに事故なくスムーズに成し遂げるか。それが試合運営なのです。

3.3 東京ドームのネーミングライツはいくら

　全国各地のスタジアムやアリーナ、競技場、文化施設まで、企業や商品名を付けるネーミングライツが花盛りです。1990年代後半に、アメリカで始まったと言われています。なんでも、お金に換えてしまうマネタイジングの国アメリカならではだと感心しました。

　施設は企業や商品名とともにテレビで新聞などで紹介されますから、その露出効果はとても高いのです。日本では、自治体が赤字施設の運営費を賄うために導入して、今では全国に広がっています。

　プロ野球でも「PayPayドーム」とか「バンテリンドーム」などと呼ばれています。年間の契約料は公表されてませんが、数億円と推定されています。

　余談ですが、東京ドームにネーミングライツの話が持ちこまれたことがあります。しかし、実現しませんでした。これからも難しいと思います。理由は二つ。東京ドームは「東京ドーム株式会社」が経営しています。会社名と同じ施設に、他企業の名前を付けれたら、企業を売ってしまったことと同じとみなされてしまいます。

　また、よくテレビのニュースなどで「広さは東京ドーム◯◯個分」とか「大きさが東京ドーム◯◯◯杯分」とかと聞いたことがあるでしょう。東京ドームは、世の中のわかりやすい物差し、公共財なのです。ネーミングライツは、社会の物差にはふさわしくありません。

　ちなみにどれぐらいの金額と考えていたのかと尋ねたら「最低でも年間10億円」という答えが返って来ました。

4.　チケッティング

4.1 ジャイアンツのチケッティング

　興行には「チケッティング」「協賛セールス」「放送権・ネット配信権」「グッズ販売」「ファンクラブ運営」「肖像権」など収益に直結するビジネスがあります。デジタル化が進み、最近では「データビジネス」「ゲーム化権」さらに「ギフティング」や「NFT」も登場してきました。試合運営では、災害時の対策、応援団、救急医療、場内外警備などもあります。

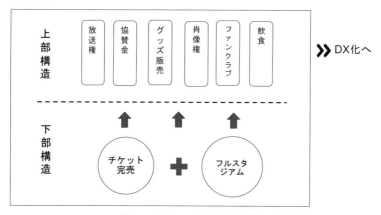

図2　スポーツビジネスの構造

　冒頭で述べたように、もっとも重要なのはチケッティングです。そして、「チケット完売」と「フルスタジアム」を実現することです。この二つが、興行成功の必要十分条件といえます。プロスポーツが目指すべき経営戦略の目標となります。（図2）

　これらを下部構造とすれば、「協賛」「放送権・ネット配信権」「グッズ販売」「ファンクラブ運営」「肖像権」などはその上に乗った上部構造なのです。球場がガラガラなのに企業が協賛するはずもありませんし、放送権のアップも望めないでしょう。下部構造がしっかりしていればこそ上部構造も大きくできるのであって、その反対ではありません。

　チケット販売は地道な努力が求められるので、ついつい協賛金頼りになっている競技団体が多く見られるのは、残念なことですし、もったいないことです。

4.2　シーズンシートの空席

　ジャイアンツのチケッティングに絞って話を進めます。ジャイアンツ戦を担当する野球班は5〜6人、うちチケット担当は1人でした。と言うと、ほとんどの人に驚かれます。

　長年にわたって積み重ねられてきた細部に至るノウハウ、ドームやチケット販売業者、コンビニなどに実務をアウトソーシングし、統括マネジメントするという完成された仕組みが出来上がっているのです。

　チケットは、年間予約席（シーズンシート）と一般席の二種類に大きく分けら

れます。席種は、バックネット裏や内野席、外野席のほかグランドに突き出た「エキサイトシート」、二階のラウンジ席、センターのバックスクリーン脇に新設したラウンジ席など、場所によって細分化され、料金も違います。

　東京ドームのシーズンシートは、当時、全席の三分の一ほどでしたが、収入は一般席を上回っていて、興行の大黒柱でした。

　そのシーズンシートが、売れているのにお客さんが来ない、空白が目立つ時期が続いたことがあります。もちろん、チームの低迷が要因なのですが、こんなことは開設以来初めてでした。

　シーズンシートは法人契約の割合が高く、当然、営業用として使われているのは承知していました。

　それまでのセールスは契約数を増やすことに重点を置いていました。数を売ればよかったのです。迂闊と言えば迂闊ですが、購入契約者とドームに来場する人が違う、という単純な、しかし重要な事実を見逃していたのです。

　そこで、来場者サービスにも力を入れることにしました。レプリカユニフォームを無料配布したり、新しい企画を次々と打ち出しました。ギブアウェイ（入場者プレゼント）を実施する試合は、チケットがあっという間に完売しました。それに連れて、シーズンシートの着席率も回復していきました。

　一般席のチケットが、二の次ということではありません。一般席が売れずに、空きが目立つ試合が続いたらどうなるでしょう。お客さんは「なんだ、コレならチケットはいつでも買える」と思うでしょう。やがて、前売り券の売れ脚が悪くなり、一般席は売り切れなくなる。やがてシーズンシートの売れ行きに響いてくる。シーズンシートと一般券は相互依存の関係にあります。販売データを長いスパンで見ていると、そうした動きが見えてきます。

　一般席の「完売と満員」にはもう一つ大事な役割があります。テレビ映りです。高々と打ち上げられた打球が大きなアーチを描き、内外野のスタンドをバックに外野席に飛び込みます。試合の華、ホームラン。一気に大逆転。大歓声…。

　しかし、空席のスタンドがそこに映り込んだらどうでしょう。テレビのホームランの価値は半減し、"熱狂指数"も下がってしまいます。地方球場などで行うオープン戦などでは、内野席も完売しないことが予想されます。そんな時には、内野指定席を一つおきに販売し、満員感を出す、などということもありました。プロスポーツは、見た目がすごく大事なのです。

4.3 チケッティングまとめ

チケッティングは競技によって、チームによって、地域によって、かなりの違いがある世界です。「個別性」が強いだけ、学問や研究対象になりにくいとも言えます。

しかし、「個別性」を欠いては実践には役に立ちません。「個別の現場」と「研究」を往還する新しいスタイルが求められているのではないでしょうか。

4.4 "5万5000人"の満員

ドームは1988年春のオープン以来、ジャイアンツ戦の入場者数を常に「5万5000人の満員」と発表していました。しかし、2004年シーズン中に、ある週刊誌が「東京ドーム、これでも5万5000人か？」と写真入りで報じました。3階席から俯瞰する写真は、内野やバックネット裏までしっかりとらえ、かなりの空席が写り込んでいました。しかも、試合の中盤です。

「5万5000人」は、確かに実際の数字とは合っていませんでした。席数は4万4500ぐらいでしたから、1万人ほどの水増しになっていました。

しかし、長年の慣行だったので誰も不思議とは思っていませんでしたし、他の球団もみな同じでした。外野席が芝生の地方球場だと、さらに水増しして発表する球団もありました。

実は「5万5000人」は、ドーム開設時の記者会見で東京ドーム側が発表した数字なのです。甲子園を上回る大きさを強調したかったので、グランドまでぎっしり入れた時の全体の数字を発表したのだそうです。それをずっと使っていました。当時はそういうおおらかな時代だったのです。

しかし、5万5000をお客さんの数だと発表し続けるのは無理がありますし、興行上もいいとはいえません。そこで翌2005年シーズンから"実数発表"に切り替えることにしました。チケット販売実数などに基づいた営業上の観客数を算出し、オーロラビジョンで発表したのです。

東京ドームは何かにつけてベンチマークになります。結局、他球団も足並みを揃え、全球団が実数発表に踏み切りました。新聞のスポーツ面、野球のスコア上端に小さな数字で入場者数が載ってます。球場別に比較してみたり、推移を眺めたりするのは、今でも小さな楽しみになっています。

4.5 興行の「四番打者」

　相手エースのベストピッチを痛打し、闘争心まで打ち砕いてしまう。勝利を呼び込むここ一番の活躍をし、ファンを心底からスカッとさせる。それが、一般に言う四番打者です。

　スポーツ事業部長になって2年目から、試合終わりに、お客さんに混じってドームを一緒に歩いて出ることが、ちょっとした習慣になりました。「なんだ、あんな球を空振りするとは！」とか「あそこで、ど真ん中投げるか」とか大きな声が聞こえ、酔客の言い争いもあったり、しょげて帰る家族連れもいました。負け試合では、ファンの本音、姿が実によくわかります。

　優勝するチームでも勝率は5割強〜6割ちょっと。つまりずいぶん負けます。年一度しか見られないファンが、大敗する試合にぶつかってしまうのはとても気の毒ですが、両チームが全力でぶつかるのですから仕方ないことです。

　ある大敗した試合後のことでした。コンコースを歩いていた数人の若い男性ファンが「お金返せだよなあ」「でも、松井（秀喜選手）のホームラン見たから、まあいいかぁ」「ライトスタンドの最上段だったな」「あっという間に飛び込んだ。すげぇよ」。

　観察してみると、確かに9回裏、松井選手に回ってくる時は、大差で負けてる試合でも席を立つお客さんが少ないことにも気づきました。トイレタイムも同じでした。負けたとしても心に残る打者。ファンがワクワクして打席を待つ。それがわれわれの四番打者なんだ、と思いました。

　スタジアムという現場には、ファンの想いがぎっしり詰まっています。そしてスポーツビジネスに生かせるヒントもたくさん落ちています。

5. 東京2020とチケッティング

5.1 チケッティング戦略アドバイザー

　東京2020組織委員会から「チケッティング戦略アドバイザー」の委嘱を受け、2年近く活動しました。

　日本で2回目となった東京オリンピック・パラリンピック（東京2020）は、2021年7月23日から8月8日まで、パラリンピックは8月24日から9月5日まで、東京を中心に行われました。新型コロナ・パンデミックによって、1年延期となった上、政府の判断で一部を除き「無観客開催」となってしまいました。1年半

以上もかかって練り上げたチケット戦略は、日の目を見ることなく、お蔵入りとなりました。しかし、積み上げて来た際に得た、貴重な教訓は残りました。

5.2 1010万枚のチケット

　オリンピックは33競技、パラリンピック22競技、合わせて55競技。チケットの総枚数はなんと1010万枚にも上ります。ジャイアンツ戦の3シーズン以上のチケットです。数字を聞いてもピンと来ませんでした。しかも短期間に国内外に売るのです。大変な作業です。

　チケットの種類は会場が違うケースもあり種目別になるケースもあります。枚数の多さに加え、種類別のきめ細かな作業が求められます。当時のチケット担当スタッフにかかるプレッシャーは、相当に大きかったと思います。

　最初はチケットの価格、プライシングです。予算上の売上高目標があります。苦心したのはチケットのグレードやランク、その価格の差をどれぐらいにするか。競技の普及度と人気度、予選から決勝まで試合格差、曜日、過去のオリパラの入場者数、施設の良し悪しなども勘案しました。

　チケット取扱い業者は国際入札で決めました。私は選考委員もつとめ、委員会に出席しました。ロンドンやリオデジャネイロなど直近の大会を元に、東京2020の特徴を踏まえた企画提案書は、登録、購入システム、顧客データ管理、決済システムなどが分厚い資料になっており、その場で読み取るのはかなり大変でした。しかし、巧みなプレゼンテーションの見事さに、つい聞き惚れてしまいました。

　申し込みのID登録、抽選、発表、決済までを結ぶシステムは実務では期待以上に威力を発揮しました。初日に申し込みが殺到し、システムがフリーズしてしまうというアクシデントはありましたが、処理システムやデータ管理にミスはありませんでした。

　チケットは、2019年5月から順次、登録者を対象に第1次抽選販売、同追加販売、第2次抽選販売が行われました。2020年4月以降は、整理券ハガキ抽選による先行窓口販売、先着順によるWEB販売と切り替えられ、順調に進んでいました。

　しかし、世界を覆う新型コロナによるパンデミックが東京2020を直撃します。チケットの準備が進むほどに、見通しの方はどんどん暗くなっていきました。

　当時、販売が決まっていたチケットは865万枚、総枚数の8割を超えていました。売上高は約900億円、これも当初の予算を上回っていました。購入希望がさ

らに237万件も控えていました。競技や券種のミスマッチがあったとしても「完売」状態は間違いないと思っていました。

　その後、「東京2020」は1年延期がきまり、希望者には払い戻しが行われることになりましたが、実際の影響はほとんどありませんでした。オリパラ人気はやはりすごい。

　コロナ禍は2021年に入っても収まらず、ついに東京を中心とする主会場は無観客での実施と決まりました。人を入れない。チケットは売らない。購入者へはすべて払い戻し。追加販売は中止。今まで積み上げて来た全てがガラガラと崩れていきました。

　東京以外では有観客で開始され、オリンピックが宮城、茨城、静岡の3会場合わせて約4万3300人、パラリンピックが東京、埼玉、千葉の3会場約1万5700人でした。チケット枚数は合わせて約5万9000。これが東京2020の入場者総数です。全体の1％にもなりませんでした。

　有観客だったら、東京2020は、史上最高のチケット販売枚数と売上高、入場者数を記録したでしょう。幻とはいえ、東京2020のチケッティング担当スタッフには「金メダル」を贈りたいと思います。

5.3 こどもチケット

　幻になったチケットの企画がもう一つあります。子ども専用チケット企画「オリパラ学校連携プログラム」です。

　前回の東京オリンピックは1964年10月に開かれました。団塊の世代の私は中学生で、期間中は連日、白黒テレビに見入っていました。

　女子バレーボールでソ連を打ち破って世界一になった瞬間。ピョンピョン飛び跳ねる選手たち。体操の鉄棒で、華麗な空中技からピタリと着地を決め、金メダル。国立競技場のトラックに入って抜かれたものの、気力を振り絞って取った銅メダルのマラソンランナー。柔道無差別級決勝で敗れ、銀メダルに終わった選手の涙。そんなシーンの記憶は60年近く経ったいまでも鮮明に残っています。

　東京2020では、できる限りたくさんの子どもたちに、トップレベルのアスリートのパフォーマンスを見せたい、スポーツの素晴らしさを心に刻みたい、とスタッフたちが「学校連携プログラム」を立ち上げました。

　学校単位で観戦希望を受け付け、総数は全体のほぼ1割、100万枚を目標にしました。調べてもらったら、これまで、子ども分類でカウントされた入場者数は、

リオデジャネイロ大会の約30万人が最多でしたから、その3倍以上になります。

　料金は開催年に因んで「2020円」にしました。一方で、東京2020のチケット平均単価は約3800円。差額を埋めるために知恵を絞り、高額チケットをアップして「メリハリのついた価格体系」（事務局の記者会見）を打ち出しました。

　企画は大人気でした。募集から半年も経たずに80万人分の申し込みがありました。申し込み希望を含めると110万人を超えていました。

　しかし、無観客実施の方針により、こちらもまた幻の企画になってしまいました。宮城県や茨城県など一部で実施されはしましたが、総数は約2万人だけでした。少ない数ですが、東京2020の報告書には、その足跡がしっかりと記されています。

「オリンピック・レガシー」という言葉があります。これからの日本を背負う子どもたちの心に、生涯にわたってオリパラの光景を残すことが、一番のレガシーになると、スタッフの誰もが思っていました。無観客でも、このプログラムだけ実行することはできないのか、と交渉もしました。振り返っても、かえすがえすも残念でなりません。

「学校連携プログラム」は、これからのスポーツ大会にも活用できます。「スポーツ立国」を掲げる行政だけでなく、企業にも社会貢献策として協力してもらう仕組みはできないのでしょうか。「ふるさと納税」や「企業版ふるさと納税」の活用は難しいのでしょうか。そんなことを考えます。

6.　これからのスポーツ

　この1年を振り返り、東京2020を巡る汚職と談合事件、WBCの世界一など、スポーツ界にとって大きな出来事がありました。スポーツビジネスの立場から論じてみたいと思います。

6.1 WBCの世界一の意味

　一番目は、なんといっても2023年3月のWBC（ワールド・ベースボール・クラシック）です。「侍ジャパン」が全勝で3度目の「世界一」を成し遂げ、コロナ禍で打ち沈んでいた国民を熱狂させました。その偉業以上に、あの重圧の中で楽しんでプレーし、そして優勝を勝ち取った姿に、成熟したスポーツ先進国、日本の近未来が垣間見えたような気がしました。

「野球って、こんなに楽しかったんだなと思いました。めっちゃうれしかったです」

WBC 後の記者会見で、岡本和真選手（巨人）が語った言葉です。

私は 2006 年、2009 年、2013 年と WBC の揺籃期を担当しました。この言葉をテレビで聞き、新聞で何度も読んで確認し、「これで WBC は軌道に乗り、さらに広がっていく」と確信し、思わず頷いていました。

WBC となると、「ジャパンマネーで成り立っているのだから、日本側の取り分をもっと増やすべきだ」といった論評が必ず噴出して来ます。それを考える材料として、WBC の仕組みを述べておきます。

WBC は、MLB と MLBPA（選手会）が共同出資する会社が全リスクを負って開催しています。今大会は事業として大成功だったようですが、2013 年の 3 大会までは決して順調ではありませんでした。MLB の主力球団はけがを恐れて非協力的でしたし、参加国を増やすといっても、そう簡単ではありませんでした。むしろ、いつ中断や中止の決定をしてもおかしくなかったといえるでしょう。「リスクなくしてテイクなし」はビジネスの常識です。従って、利益が出た時だけ、もっと分け前を増やせと主張するのは、“後出しじゃんけん” に過ぎないと思います。もしテイクを望むなら、リスクを取ることを含めた提案をし、枠組み全体の議論を提起すべきでしょう。

綱渡りの WBC が大きく変わるきっかけは、2017 年の大会でアメリカが「世界一」になったことだと、私は思います。これまで関心が薄かったアメリカ国民が目を向け始めました。

WBC は選手の出場資格がかなり緩い大会です。両親のどちらかが持っている国籍、どちらかが生まれた国の代表としても出場できます。ラグビーのワールドカップと同様に、普及してない国を巻き込み、参加国を増やすための “苦肉のルール” でした。

MLB の公式サイトには、今大会には 20 チームのロースター枠から 186 人が参加すると出ていました。創設期から見たら信じられない数字です。

回を重ねるごとに、メジャーリーガーが自分のルーツ国や自国代表として戦う意味や栄誉を知ったからでしょう。所属選手が活躍すれば、球団の人気も高まることも証明しました。次回からは球団の姿勢も変わるでしょう。

もう一つ、創設時についても誤解が見受けられるので簡単に事実関係を整理しておきます。

　初めに国別対抗戦の開催を事業として提案をしたのは日本側なのです。1999年のことです。当初、MLBは「USAのユニフォームなんてなんの価値があるんだ」とほとんど見向きもしませんでした。消極的どころか、ほとんど関心を示さなかったのです。なので、時々言われる「MLBの提案に対し、当初の日本は消極的だった」という話は全く逆なのです。

　MLBの風向きが変わったのは2002年の秋ごろでした。日韓共催のサッカーW杯が盛り上がりを見せていました。MLBはちょうどその頃、市場を拡大するために海外に踏み出す戦略を固めたのだと思います。

　実際に、2003年からレギュラーシーズンの試合をメキシコで20試合以上も行い、開幕戦を日本に続いてオーストラリア（2014年）、イギリス（2020年）で開催し、来年以降もアジアと欧州で計画しています。これに伴い、MLBが一括管理するテレビ放送権やネット配信権、30球団のグッズの売れ行きも伸びています。国際化がビジネス面でも成功したのです。

　最後に、投打二刀流でMLBのDHのルールまで変えてしまった大谷翔平選手（エンゼルス）の言葉は、WBCを振り返るのにとてもふさわしいコメントでした。「日本のファンもそうですし、もちろん台湾だったり、韓国とか（中略）、僕らが勝っていって優勝することによって"次は自分たちも"という、そういう気持ちになるんじゃないかと思います。（中略）中国もそうだし、まだまだ日本も大きくなる可能性を持っています。そのためにも、勝ちっていうのが、いちばん大事だと思います」

「USA（国）のユニフォームに価値はない」と言い放ったMLBの幹部に、日本人メジャーリーガーの言葉をどう思うか聞いてみたい気がします。

6.2 スポーツ史の汚点

　二番目は、2022年8月に発覚した東京オリパラの汚職事件と談合事件についてです。私は根底に、日本スポーツ界の体質ともいうべき構造的問題が横たわっていると思います。そして、いまが構造問題を変えるべき絶好機だと思います。

　構造的問題とは、端的に言えば、主催者が広告代理店にお金だけでなく、企画や運営などビジネス部門の判断や権限さえ「丸投げ」してしまうことです。スポーツ界に巣食ってきた抜き難いこの体質を変えられるのは、ここでもスポーツビジネスのマネジメント力しかありません。

　日本の広告代理店はバイイング（権利の購入）とセリング（権利の販売）の二

つの機能を持っている世界でも特異な業態をしています。

　捜査経過や裁判の報道を見ていると、協賛金集めに関して1人の理事に、業種や企業の選定から金額、スポンサーに提供するメリットまで決める権限を与えていたことが読み取れます。談合事件にしても、広告代理店主導で割り振り、運営会社が決まっていった構図は全く同じです。談合により費用がいくら膨らんだのか、国民や都民の"被害額"はいくらかもチェックできずに、組織委員会は解散し、刑事事件だけで終わってしまうのは、先進国というには無惨な姿です。

　根はガバナンス以前の問題です。権限を持つポストの人たちに、スポーツビジネスの簡単な常識さえ欠けていたとしか思えません。俄かづくりの寄せ集めだった東京2020組織委は、丸投げによって、権限の空白を生み、不正の温床を自ら醸成していった面があったと思えて仕方ありません。

　広告代理店という存在は、イベントの協賛金集めでは、もっとも頼れるパートナーですが、それ以上でもそれ以下でもありません。主催者には、有力なパートナーを使いこなすだけのビジネスマネージメントの能力が求められます。

　2023年は世界水泳（福岡市）、2025年に世界陸上（東京）、2026年のアジア大会（愛知県・名古屋市）と大きな国際大会が続きます。スポーツではありませんが、2025年には大阪万博もあり、いずれも東京2020と似た組織体が運営主体になっています。日本のスポーツ史を汚した今回の事件の教訓をどう生かすのか。それが試されることになるでしょう。

6.3 新エンターテインメント空間

　三番目は、北海道日本ハムファイターズの開閉式天然芝球場「エスコンフィールド」が3月、北海道北広島市にオープンしたことです。

　球団がファンに楽しんでもらうことに徹頭徹尾こだわって設計したスタジアムは"非日常感"において画期的です。宿泊施設や商業施設、レストラン、マンションまで一体となったボールパークです。

　国内のバスケットボールでは、2021年3月に竣工した沖縄アリーナ（沖縄県沖縄市）があります。アメリカのNBAに匹敵する機能性を備え、ファンが心から楽しめる空間になっています。国内では、これからも次々とアリーナやスポーツ施設が計画されていますが、上記の二つはベンチマークとなるでしょう。

　エスコンフィールドの立地する北広島市は人口6万人足らず。完成前に視察した際に、NFLの強豪チーム、ウイスコンシン州のグリーンベイ・パッカーズの

奇跡を思い出しました。グリーンベイの人口はわずか 10 万人ですが、全米で三番目に大きい 8 万人のスタジアムがあります。しかもチケットは数年先まで売り切れ、各試合とも満員を続けています。

エスコンフィールドは、当初から懸念はされていましたが、開幕直後からアクセスの悪さがファンのブーイングの的になっています。大きな駐車場と結ぶバスによるピストン輸送を大幅に拡充したり、アフターゲーム・イベントで、渋滞を平準化するとか小さな努力と知恵を積み上げ、JR の新駅ができるまで乗り切ってほしい。そして、小さな町の大きな成功例を見せてもらいたいと思います。

7. 終わりに

バスケットボールの B リーグ、卓球の T リーグ、ラグビーのリーグワン、女子ソフトボールの JD リーグ。2024 年秋にはバレーボール、ハンドボールの新リーグの準備も進められ、新しいリーグが次々と誕生しています。

私が顧問をしている「日本独立リーグ野球機構」には現在は、5 リーグ、21 球団が参加しています。四国アイランドリーグ（現在は「四国アイランドリーグ plus、4 球団)」が誕生してから今年で 18 年目。浮沈はありますが、それぞれ地域との新しい関係を創り出しています。

コロナ禍が終息し、野球を初めアジアなど国際交流も再開しました。日本のスポーツ市場は、さらに拡大し、一層多様になっていくでしょう。そこでは「成熟したスポーツ先進国」にふさわしい、有為なスポーツビジネス人材が求められています。

日本のプロ野球球団に観るガバナンス
―読売巨人軍を例に―

西崎信男
早稲田大学スポーツビジネス研究所

1. はじめに

　3月に開催された WBC（World Baseball Classic）は優勝した日本のみならず、米国を含む世界各国で大きな人気を博した。世界的にもサッカーに比べて一部の国に偏在したスポーツとみられてきたプロ野球にとって、国際化の絶好のチャンスが到来したと思われる。日本国内を見ても、一時サッカー（Jリーグ）に比べて、沈滞気味とみられたプロ野球は、過去3年のコロナ禍を経て、大きく飛躍することが期待されている。

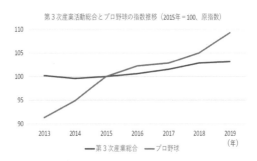

図1　第3次産業の中でのプロ野球の位置づけ
出典：経済産業省（2020）

　なぜなら少子高齢化、低成長経済、製造業の海外移転等々日本経済を取り巻く外部環境が厳しさを増す中、他の先進国同様第3次産業の進展こそが産業政策の

中心となってくるからである。その中でプロ野球は第 3 次産業活動指数 [注1] で第 3 次産業総合指数を上回る伸びを示している。今後、この伸びを促進してプロ野球を含めスポーツ産業が日本経済の推進エンジンとしてさらに伸長することが期待される。

しかるに一企業としての日本のプロ野球球団の経営は「企業は社会の公器（松下幸之助）」として重要な存在であることの意識・行動が十分と言えるだろうか。世界的に企業（株式会社）が「株主中心主義」から「ステークホルダー（利害関係者）主義」への転換することが提唱されている中で、その基本的条件であるステークホルダーに対する「情報開示」が十分なされているか。そこに焦点をあてて日本の野球のガバナンス、特に「決算公告」について状況を示し、問題点を指摘したい。さらにプロ野球球団は親会社の 100% 子会社が多いことから、読売巨人軍を例に挙げて球団の親会社のガバナンスについても論じたい。

なお本稿におけるコーポレートガバナンスの定義は以下の通りである。

コーポレートガバナンス：エージェンシー問題を解消し、株主をはじめとする様々なステークホルダー（利害関係者）の利益に資する経営を行わせる仕組みをいう

エージェンシー問題：エージェント（経営者）がプリンシパル（株主）の利益に則さない行動をとる、あるいは依頼した事項をきちんと遂行しないような利害関係の対立する状況をいう。（野崎（2022））

2. 会社法における「決算公告」

株式会社は、「定時株主総会の承認後遅滞なく、貸借対照表又はその要旨を公告しなければならない」と定めがある。すなわち公告は会社法上の「義務」であり、株式会社は貸借対照表を公告しなければならないのである（会社法第 440 条）。

さらに大会社は貸借対照表及び損益計算書を公告しなければならない。大会社は経営規模が大きく、株主、債権者等ステークホルダーに及ぼす影響が大きいのでさらなる情報開示が要求されているのである。ただし有価証券報告書提出会社は、有価証券報告書で十分な情報開示がなされているので上記の適用はない。（会社法第 440 条第 4 項）

公告の時期及び方法については、株主総会の翌日以降に定款所定の方法に従って公告することになっている。定款に定めがない場合は官報に掲載することと

なっている。これに反して公告を行わない場合には、罰則規定として、「公告を怠り又は不正の公告をした場合には、行政罰として100万円以下の過料に処す」と定められている（会社法第976条第2号、出典：https://kanpo-ad.com/syouhou.html）。

　なお会社法には罰則規定があるものの、適用事例は文献を見る限り見当たらない。^(注2)

3.　プロ野球球団における情報開示（決算公告）

　それでは日本のプロ野球球団における決算公告の実施状況を見る。福岡ソフトバンクホークスは会社法上「大会社」（資本金5億円以上、又は負債200億円以上）であり、規定により貸借対照表及び損益計算書を公告している。それに対して、読売巨人軍及び中日ドラゴンズは法定の決算公告を行っていない。その他の球団は決算公告を実施している。

　日本の会社の中で株式会社はその数が全体の93%以上を占めている。それも資本金1,000万円以下の会社が株式会社の中で91%以上を占めている。その中で日本のプロ野球の球団（株式会社）は1億円～10億円の枠に入る。全体から見ると0.5%で「エリートの会社」である（黒沼、2020：p.9）。それだけに会社法上の義務である「決算公告」は必須である。経営資源が乏しく義務を果たせない一般中小企業とは事情は異なるのである。

　決算公告の方法として、電子公告と日刊紙又は官報に公告する2つの方法がある。

表1　プロ野球球団の決算公告の状況（セリーグ）

球団名（設立）	親会社（上場・非上場）	決算公告の有無
（株）読売巨人軍（1934）	（株）読売新聞グループ本社（非）	なし（親会社：なし）
（株）阪神タイガース（1935）	阪神電気鉄道（株）（非）（親会社：阪急阪神ホールディングス（株）東証プライム上場）	あり（親会社：あり）
（株）中日ドラゴンズ（1936）	（株）中日新聞社（非）	なし（親会社：なし）
（株）横浜DeNAベイスターズ（1949）	（株）ディー・エヌ・エー（DeNA）東証プライム上場	あり（親会社：あり）
（株）広島東洋カープ（1950）	松田家	あり（親会社：―）
（株）ヤクルト球団（1950）	（株）ヤクルト本社　東証プライム	あり（親会社：あり）

表2　プロ野球球団の決算公告の状況（パリーグ）

球団名（設立）	親会社（上場・非上場）	決算公告の有無
福岡ソフトバンクホークス（株）（1938）	ソフトバンクグループ（株）（東証プライム上場）	あり（BS及びPL[*1]）（親会社：あり）
（株）北海道日本ハムファイターズ（1945）	日本ハム（株）（東証プライム上場）	あり（親会社：あり）
千葉ロッテマリーンズ（株）（1950）	（株）ロッテホールディングス（非）	あり（親会社：なし）
オリックス野球クラブ（1988）	オリックス（株）（東証プライム）	あり[*2]（親会社：あり）
（株）楽天野球団	楽天グループ（株）（東証プライム）	あり（親会社：あり）

＊1：大会社扱い：資本金5億円以上または負債総額200億円以上は大会社（会社法440条）
2012年ドーム球場を870億円で購入した際の負債
＊2：貸借対照表を開示しているが、処理方法不詳

表3　決算公告例

　日刊紙や官報で決算公告を行う場合は、貸借対照表（大会社は加えて損益計算書）の要旨のみを掲載すればよいことになっている。しかし、ホームページでの決算公告（電子公告）では要旨ではなく全文を掲載することが必要である。

4.　個別球団の決算公告

　2020年〜2022年の3年間はコロナ禍でプロ野球のみならず、プロサッカーも

球団経営で苦しんだ期間であった。先述の通り、福岡ソフトバンクホークスは「大会社」で貸借対照表に加え、損益計算書も開示しているため、この3年間の経営の苦労が見える（表4）。

 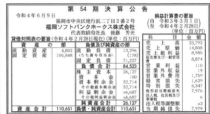

表4　福岡ソフトバンクホークス決算公告

（53期）：前期利益剰余金8,811百万（前期52期貸借対照表）－当期損失7,520百万（当期損益計算書）＝当期剰余金1,291百万円（当期貸借対照表）

（54期）：前期利益剰余金（今までの利益の積み立て残高）1,291百万－当期損失7,979百万＝当期剰余金▼6,687百万→資本充実のために親会社（ソフトバンクグループ）から資本注入：資本剰余金（親会社からの出資部分）32,714百万（当期）－16,714百万（前期）＝16,000百万円（親会社からの新たな出資金額）。

　コロナ禍でプロ野球、プロサッカークラブは赤字計上だけでは終わらず債務超過に陥った会社も多い。大会社以外の球団であれば、貸借対照表しか開示されないので、過去数年間の貸借対照表を比較して、損益を計算する。それに対して福岡ソフトバンクホークスは損益計算書も開示しているので、球団の経営状況がはっきりわかる。具体的にはフローベースで期間損益が当該年度の損益計算書に計上され、その数字がストックベースの貸借対照表の資本勘定（利益剰余金）に移されるので、会社の財産状況もわかる。ホークスの場合、損失が前年度（第53期）の75億円に引き続き、翌年（第54期）も79億円の損失となり、今まで積み立てた利益である利益剰余金がマイナス（▼6,687百万円）になったので、親会社のソフトバンクグループが資本充実のために160億円の資本注入をしたのがわかる（資本剰余金）。他の球団、クラブでも同様の状況にあるはずですが、貸借対照表しか開示していないので、どのような経営努力をしたのか実態が見えない。その点ではホークスは会社法上の「大会社」として社外から経営状況を厳しくみられるのでガバナンスが効く。

　それに対して、財務内容不詳がオリックス野球クラブである。公告を行ってい

るものの過去3年の貸借対照表の数字を見ると毎年損益が変動しているはずが、資本金も含めて資本勘定が3年間全く変動していないこととしている（表5）。

表5　オリックス野球クラブ決算公告

しかし一番の問題は決算公告を一切行っていない読売巨人軍と中日ドラゴンズである。特に「球界の盟主」と自他とも認める読売巨人軍についてその背景を探ってみたい。

5.　プロ野球球団の親会社のスタンス（読売巨人軍・中日ドラゴンズ）

読売巨人軍は読売新聞グループ本社を親会社としており、グループの7社の一社である。7社すべてが株式会社であり非上場会社である（図2）。

図2　読売新聞グループ組織図
出典：https://info.yomiuri.co.jp/group/about/data/index.html

巨人軍には選手に対する「巨人軍は常に紳士たれ」という有名な言葉（読売巨人軍創設者の正力松太郎の遺訓）がある。しかしHP上では創立年、従業員数等が開示されているだけで、資本金、親会社持株比率ですらでてこない。2年余前までは、巨人軍の採用ページに読売巨人軍の「社是」が掲示されていていたが、現在はHP上から削除されている。グループ全体も巨人軍についても「開示しな

い」というのが考え方と理解される。

　巨人軍を語るときには、親会社の読売新聞グループ本社の経営内容・経営姿勢が問われるが、読売新聞グループ本社も株式会社であるが決算公告を行っていない。中日ドラゴンズの親会社である中日新聞社も同様の状況である。しかし読売新聞グループ本社の決算内容は、別の形で関係会社の決算で開示がなされている。すなわち「関係会社」の日本テレビホールディング株式会社の決算内容開示に、「親会社等」に該当する「読売新聞グループ本社」の決算が開示されている[注3]。

　日本テレビホールディングスにとっての親会社読売新聞グループ本社の位置づけ
　・関係会社：日本テレビホールディングス株式会社（東証プライム上場）
　・親会社等：①親会社、②株式会社の経営を支配している者（法人であるものを除く）として法務省令で定めるものをいう
　・日本テレビホールディングスにとって読売新聞グループ本社は「親会社等」にあたる。
　・金融商品取引法（第24条の7）に基づき有価証券報告書の提出を義務付けられた会社が親会社等状況報告書を提出する。

　以下表6が日本テレビの有価証券報告書に掲載された読売新聞グループ本社の財務諸表である。資本金は6億1,300万円、これは会社法に従えば資本金が5億円以上であるので、「読売新聞グループ本社」は、福岡ソフトバンクホークスと同様「大会社」とみなされ、貸借対照表のみならず損益計算書の開示が義務となっている。しかしグループ本社としては決算公告で財務内容開示を一切行っていない。日本テレビの議決権の27.01%をグループ本社が所有し、人的関係でもトップ役員を派遣しているので、日本テレビはまがいもなく読売新聞グループ本社（親会社等）の「関係会社」になる。したがって、日本テレビの利害関係者（株主、債権者等）への開示に読売新聞グループ本社の決算が出てくるのである。

　比較する意味で、プロ野球球団を持たないが、同じくマスコミの雄である朝日新聞の状況はどうか？（表7）朝日新聞社は非上場会社ではあるものの株主が1,000名以上存在するため、金融商品取引法（第24条）に基づき[注4]、有価証券報告書を提出する義務がある。

1 親会社等の概要
  (1) 名称　　　　　　　株式会社読売新聞グループ本社
  (2) 所在地　　　　　　東京都千代田区大手町1丁目7番1号
  (3) 代表者の役職・氏名　代表取締役社長　山口　寿一
  (4) 事業内容　　　　　日刊新聞の発行等の業務を営む子会社の事業活動の支配、管理
  (5) 資本金　　　　　　613百万円
  (6) 当社との関係
    ① 資本関係　　　　間接保有分を含め、当社の議決権の27.01%を保有しております。
                    （2022年3月31日現在）
    ② 人的関係　　　　株式会社読売新聞グループ本社の取締役 大久保 好男は当社の代表
                    取締役会長、同社の監査役 小杉 善信は当社の代表取締役副会長、同
                    社の取締役 杉山 美明は当社の代表取締役社長、同社の代表取締役 石澤
                    顯は当社の上席執行役員、同社の代表取締役社主 渡辺 恒雄及び代
                    表取締役社長 山口 寿一は当社の取締役、同社の監査役 真砂 靖は
                    当社の取締役であります。また、株式会社読売新聞グループ本社の取締
                    役副社長 村岡 彰敏は当社の監査役であります。

貸　借　対　照　表

2022年3月31日現在

(単位：百万円)

資　産　の　部		負　債　の　部	
科　　　目	金　額	科　　　目	金　額
流 動 資 産	2,767	流 動 負 債	2,527
現金及び預金	2,434	1年内償還社債	2,000
未 収 入 金	307	未 払 金	379
その他流動資産	19	未 払 法 人 税 等	50
		預 り 金	22
		賞 与 引 当 金	62
		その他流動負債	0
固 定 資 産	177,527	固 定 負 債	56,493
有形固定資産	13,476	長 期 借 入 金	46,000
土　　　地	13,476	繰延税金負債	8,944
		退職給付引当金	1,548
投資その他の資産	164,051	負 債 合 計	59,020
投 資 有 価 証 券	24,505	純 資 産 の 部	
関 係 会 社 株 式	139,538	株 主 資 本	106,556
長 期 前 払 費 用	0	資 本 金	613
差 入 保 証 金	1	資 本 剰 余 金	0
その他投資	5	資 本 準 備 金	0
		利 益 剰 余 金	105,943
		利 益 準 備 金	153
		その他利益剰余金	105,790
		設備更新積立金	16,900
		災害補償積立金	649
		退職給付積立金	721
		別 途 積 立 金	86,003
		繰越利益剰余金	1,366
		自 己 株 式	△0
		評価・換算差額等	14,717
		その他有価証券評価差額金	14,717
		純 資 産 合 計	121,274
資 産 合 計	180,295	負債・純資産合計	180,295

(注)　記載金額は百万円未満を切捨てて表示しております。

損　益　計　算　書

自 2021年 4月 1日
至 2022年 3月31日

(単位：百万円)

科　　　目	金　額	
Ⅰ 売 上 高		2,422
Ⅱ 売 上 原 価		-
売 上 総 利 益		2,422
Ⅲ 販売費及び一般管理費		2,513
営 業 損 失		91
Ⅳ 営 業 外 収 益		
受 取 利 息 ・ 配 当 金	2,087	
その他の営業外収益	0	2,087
Ⅴ 営 業 外 費 用		
支 払 利 息	234	234
経 常 利 益		1,762
Ⅵ 特 別 利 益		-
Ⅶ 特 別 損 失		-
税引前当期純利益		1,762
法人税・住民税及び事業税	190	
法 人 税 等 調 整 額	△20	169
当 期 純 利 益		1,592

(注)　記載金額は百万円未満を切捨てて表示しております。

大株主の状況

2022年3月31日現在

氏名又は名称	住所	所有株式数（株）	発行済株式（自己株式を除く。）の総数に対する所有株式数の割合（%）
読売新聞グループ本社従業員持株会	東京都千代田区大手町1-7-1	21,033	34.32
公益財団法人 正力厚生会	東京都千代田区大手町1-7-1	12,855	20.98
社会福祉法人 読売光と愛の事業団	東京都千代田区大手町1-7-1	6,000	9.79
関根 達雄	東京都杉並区	4,800	7.83
学校法人 読売理工学院	東京都文京区小石川1-1-1	3,700	6.04
正力 源一郎	東京都港区	3,045	4.97
正力 美緒	東京都渋谷区	3,029	4.94
塚越 陽子	神奈川県逗子市	2,804	4.58
正力 惠子	東京都港区	1,200	1.96
小島 あき	東京都新宿区	1,000	1.63
計	-	59,466	97.04

所有者別状況

2022年3月31日現在

区分	政府及び地方公共団体	金融機関	金融商品取引業者	その他の法人	外国法人等		個人その他	計	端株の状況
					個人以外	個人			
株主数（人）	-	-	-	3	-	-	53	56	-
所有株式数（株）	-	-	-	22,555	-	-	38,743	61,298	22.16
所有株式数の割合（%）	-	-	-	36.8	-	-	63.2	100	-

(注)　1．単元株制度は採用しておりません。
　　　2．自己株式40.6株は、「個人その他」に40株、端株に0.6株含まれています。

表6　日本テレビホールディングス株式会社「親会社等の決算に関するお知らせ」

出典：https://www.ntvhd.co.jp/pdf_cms/news/20220524.pdf

2023年3月期　中間決算短信

2022年11月28日

会社名　株式会社朝日新聞社
本店所在地　大阪市北区中之島二丁目3番18号
問合せ先　責任者役職名　財務本部グループ財務証長
　　　　　氏　名　西原　哲　　TEL（03）3545-0131
半期報告書提出予定日　2022年12月12日　　配当支払開始予定日　2022年12月9日

（百万円未満切り捨て）

1．2022年9月中間期の連結業績（2022年4月1日～2022年9月30日）
（1）連結経営成績 （%表示は対前年中間期増減率）

	売上高		営業利益		経常利益		親会社株主に帰属する中間純利益	
	百万円	%	百万円	%	百万円	%	百万円	%
2022年9月中間期	130,925	△0.4	2,066	△33.8	5,854	△13.3	1,010	△79.7
2021年9月中間期	131,517	△5.4	3,123	—	6,753	—	4,983	—

（注）包括利益　2022年9月中間期　△5,947百万円（—%）　2021年9月中間期　6,904百万円（—%）

	1株当たり中間純利益	潜在株式調整後1株当たり中間純利益
	円　銭	円　銭
2022年9月中間期	327.74	—
2021年9月中間期	1,616.00	—

（参考）持分法投資損益　2022年9月中間期　2,783百万円　2021年9月中間期　2,628百万円

（2）連結財政状態

	総資産	純資産	自己資本比率
	百万円	百万円	%
2022年9月中間期	561,661	344,707	59.8
2022年3月期	574,212	350,586	59.5

（参考）自己資本　2022年9月中間期　336,066百万円　2022年3月期　341,700百万円

株式の所有者別状況

2022年9月30日現在

区分	株式の状況							
	政府及び地方公共団体	金融機関	金融商品取引業者	その他の法人	外国法人等		個人その他	計
					個人以外	個人		
株主数（人）	—	—	—	8	—	—	1,811	1,819
所有株式数（株）	—	—	—	1,420,155	—	—	1,779,845	3,200,000
所有株式数の割合（%）	—	—	—	44.38	—	—	55.62	100.00

大株主の状況

2022年9月30日現在

氏名又は名称	住所	所有株式数（千株）	発行済株式（自己株式を除く）の総数に対する所有株式数の割合（%）
朝日新聞社従業員持株会	東京都中央区築地5-3-2	835	26.11
公益財団法人香雪美術館	兵庫県神戸市東灘区御影郡家2-12-1	672	21.02
株式会社テレビ朝日ホールディングス	東京都港区六本木6-9-1	380	11.88
上　野　聖　二	東京都千代田区	352	11.02
凸版印刷株式会社	東京都台東区台東1-5-1	234	7.31
朝日放送グループホールディングス株式会社	大阪府大阪市福島区福島1-1-30	74	2.31
上　野　貴　生	東京都文京区	50	1.56
上　野　信　三	東京都渋谷区	49	1.54
小　西　勝　英	東京都目黒区	35	1.11
塩　谷　律　子	東京都世田谷区	32	1.03
計	—	2,716	84.89

（注）　所有株式数は千株未満を切り捨て、発行済株式（自己株式を除く）の総数に対する所有株式数の割合は小数点以下第3位を四捨五入して記載している。

表7　朝日新聞社中間決算短信
出典：https://www.asahi.com/corporate/guide/outline/11208885

6．そもそも社会の問題を鋭く突く大手新聞社が なぜ上場しないのか？

「上場」は資金調達を目的として、当該会社の株式を証券取引所に登録すること

（会社の自発的意思）であるので、「株式会社としての最低限の義務（法定義務）」である「決算公告」の開示とは異なる。あらゆる権力からの支配を受けずに報道と言論の公正中立を守るために上場しないとよく言われるが、例えば米国ではNY タイムスがニューヨーク証券取引所（NYSE）に上場している例がある（The New York Times Company（NYT））。

　そこで上場しない理由として根拠となっているのが、略称「日刊新聞法」（「日刊新聞紙の発行を目的とする株式会社の株式の譲渡の制限等に関する法律」（昭和 26 年）である。https://elaws.e-gov.go.jp/document?lawid=326AC1000000212

　ここで規定されているのは、株式の譲渡制限を課さないと株式会社は株主の利益を追求するために報道が捻じ曲げられる可能性があることが理由となっている。従って、たとえ証券市場を経由することなく、直接的・間接的に既存の株主から株を購入もしくは譲渡されることに関しても法律で制限されている。朝日新聞社の例では、この法律に基づく定款で、株主の資格を「事業関係者」に限定している。さらに社員（出資者）以外の「事業関係者」の認定は原則的に取締役会の決議によることになっている。このように「譲渡制限」が課されると流動性を要求される株式上場は不可能で、読売新聞グループ本社は正力財団（正力家）、朝日新聞では香雪美術館（村山家）等が大株主となっている。非公開会社である。これではガバナンスを要求するのは難しい（参照：野原（2008））。

　中日新聞社も読売新聞同様，自社の決算公告を行っていない。しかしながら他の会社に対して新聞社の事業として「決算公告」の営業を行っている。「情報開示の姿勢を意識する会社は、大企業でなくても新聞での公告を選ばれます。特に決算公告は、株式会社にとって法令上義務付けられています。東海地域に拠点や取引先を抱える企業には、地域の目に最もよく触れる中日新聞に掲載してこそ、経営の健全性を強く周知することが可能です。（後略）」（出典：中日新聞 WEB　2023/04/20 アクセス[注5]）

7.　株式会社のガバナンスをめぐる世界の潮流とプロ野球球団経営

　プロ野球球団経営を語るときには、世界の潮流を踏まえることが必要であろう。

　歴史的に見ると東インド会社の昔（17 世紀初頭）から「株主有限責任の原則」を採用したため株式会社制度が発達をとげ、それが資本主義の原動力になったことは間違いないであろう。それを「株主資本主義（Shareholder Capitalism）」

世界的な潮流の変化：
資本主義の原則：株主資本主義
企業経営は株主の利益を最大化するべきと考える資本主義のあり方
株主有限責任の原則（東インド会社）：株式会社制度発展 →資本主義経済発展

→短期的な株主の利益の最大化が最も重要、と位置づけられており、その結果、従業員や環境、地域社会に負荷をかけるという問題発生

図3　ガバナンスに関する世界的潮流の変化

と呼ぶ。しかし、近年短期的な利益を追い求める傾向が強まり、株主以外のステークホルダー（利害関係者）である従業員、環境、地域社会等にかける負荷が大きくなるという問題が発生してきている。

　そこで企業の活動にかかわるステークホルダーとの関係を重視し、企業活動を通してすべてのステークホルダーへの貢献を目指す長期的な経営のあり方が提言されている。それを「ステークホルダー資本主義（Stakeholder Capitalism）」と呼ぶ。2019年のビッグビジネスが集まるビジネスラウンドテーブル（BRT）で提言され、それが2020年のダボス会議でもさらに強く提唱された。大企業のみならず、社会的インパクトが大きいプロ野球の球団もその大きな流れを踏まえた運営が期待されていると思われる。その観点からみると、球団経営におけるステークホルダーの位置づけは以下の図4の通りとなる。ファンや地域は重要なステークホルダーであるはずだが、重視されてきたであろうか？　日本のプロ野球の状況として、親会社が球団を所有しているので（例えば読売巨人軍では読売新聞グループ本社が100％株式を所有している）、先述のエージェンシー問題は発生しない。すなわち親会社が資本全額拠出も役員派遣も行っているのでガバナンス問題は生じないというのが日本のプロ野球の球団経営の基本的な考え方かもしれないが、世界の新しい潮流である「ステークホルダーアプローチ」に従えば会社外の他の利害関係者への経営内容内示も必要とされるのではないか。

　日本のコーポレートガバナンス制度は英国を参考にしている（松田（2015））。そこで英国の制度の運用を日本と比較して見てみたい。

　日本の会社法では開示が求められる理由は以下の通りとまとめられる。
「会社法は、設立から消滅に至るまでそれぞれの段階において、株式会社をめぐ

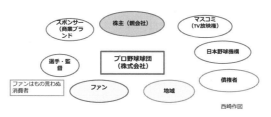

コーポレート・ガバナンス
　　球団経営におけるファンの位置づけ：
　　プロ野球を取り巻くステークホルダー

図4　プロ野球を取り巻くステークホルダー

る関係者（主に株主及び会社債権者）の利益を公正に調整する役割を担う。会社債権者は契約通りに弁済を受ける利益を有する。株主は投資利益の最大化という利益を有する。たとえば、株主有限責任の原則のもとで株主は会社債権者に対し何ら追加的責任を負わない。そこで会社債権者の利益を保護するために、（中略）会社の財務内容・経営成果を表す計算書類の作成・公開が要請される」（近藤他2016, p.16）

　これに対して、イングランドの会社法では、非公開会社（a private company）であるか公開会社（a public company）[注6]であるかを問わず、株式会社（limited company）であれば経営内容開示が義務であり、開示しないと刑法上の犯罪（criminal offence）となり、担当取締役が裁判で個人的に訴追される。同時に期限内に財務内容を登記しないと、登記所から当該会社の情報が削除される（strike-off）。そうなると企業は会社登記所で相手先会社の登記事項を審査した上で取引を開始するので、登記所から削除されることは企業の命運にかかわる事項となる。（Warner et al, 2017）（英国政府 HP）

　先述の通り、日本の場合は会社法で決算公告開示が規定されていて罰則規定もあるが、法律違反に対しても罰則規定が発動された例を見かけないなど、規定と実態に乖離があるように思われる。

　日本のプロ野球球団のガバナンスの問題に戻ると、読売新聞グループ本社（親会社）と読売巨人軍（子会社）のコーポレートガバナンス構造を、松田（2021）を参考に描くと以下の通りとなる（図5）。

　企業グループ内では親会社は子会社に100％出資し、代表取締役も派遣している。その意味ではエージェンシー問題は発生しないが、子会社が今後発展して将来的には資本と経営が分離するのであればエージェンシー問題が発生することに

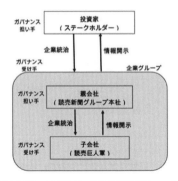

図5　子会社（読売巨人軍）と親会社（読売新聞グループ本社）のガバナンス

なる。そのためにも親会社が子会社の経営陣を規律付ける必要がある。本来的には図5にある通り、企業グループ（読売新聞グループ）全体として投資家を中心とするステークホルダーからコーポレートガバナンスの実行を要求されるはずが、新聞社については、法律上実質的に株主はほとんどが会社関係者であり、ガバナンスが効きにくい。したがって、読売巨人軍のガバナンスが有効に効くためには、株主（投資家）のみならず、ファンを中心とする幅広いステークホルダー（利害関係者）に対して情報開示が必要であろう。その意味でも読売巨人軍として情報開示（「決算公告」）を行うべきであると思われる。

8.　日本のコーポレート・ガバナンス・コード

日本のコーポレート・ガバナンス・コードは英国のガバナンスコードの指針を踏襲している。

コーポレート・ガバナンス・コードの基本原則（2015）

1. 株主の権利・平等性の確保
2. 株主以外のステークホルダーとの適切な協働
3. 適切な情報開示と透明性の確保：経営理念、経営戦略、経営計画等非財務情報含む
4. 取締役会等の責務
5. 株主との対話

2021年6月改訂：海外に比べ見劣りする多様性やサステイナビリティへの取り組みを強化すること。日本企業の企業価値の低迷を改善すること。

1.取締役会の機能発揮、2. 企業の中核人材における多様性（ダイバーシティ）の確保、3. サステナビリティをめぐる課題への取り組み

株主だけではなく多様なステークホルダーの利益を重視した世界的な潮流の変化がある。会社のステークホルダーは、株主、債権者、従業員、取引先などビジネスに直結する当事者以外に、地域コミュニティ、社会・経済・地球など広く含まれる。「会社は誰のものか」から、「会社は誰のためのものか？」への発想の転換が必要であ（野崎（2022）pp.480-482）。

支配と所有の分配マトリックス

| | 成果の分配（所有） | | |
	株主	ステークホルダー	環境・社会
株主	A（英国）	B（米国）	C
経営者	D（過去の日本）	E（現在の日本）	F

（コントロール権の分配（支配））

図6　世界のコーポレートガバナンスの動向
出典：宮川（2022）p.396

コーポレートガバナンスに関して、企業の利益は株主のみが享受するものなのか、あるいは広く社会や環境のために還元されるべきものか議論がある。世界のコーポレートガバナンスの潮流がどうなっているのか、上記図6の宮川（2022）の分析が参考となる。

すなわち会社経営をめぐる各国の考え方を所有と支配でマトリクスにすると、まずA象限：徹底して資本主義の基本に忠実で、「会社は利益を上げることが第一」「その他の社会貢献等はその次」というのが英国の考え方である。B象限：米国も「会社の持主は株主」としているが、今回のビジネスラウンドテーブルやダボス会議を見ると、成果は「ステークホルダーに配慮」となっている。日本は歴史的にも間接金融中心で株主の重要性が低かった結果、経営者重視の時代が長く続いた。しかし世の中の流れである「ステークホルダーに配慮」と移ってきている（E象限へ）。ヨーロッパ大陸ではステークホルダーは株主も含めて対等であるとの多元的アプローチをとっている。

しかし、象限C、Fに移るためには前掲の図3「ガバナンスに関する世界的潮流の変化」で示した通り、原資となるキャッシュフローを獲得できるビジネス上の競争力が条件と言えそうである。現代企業では組織特殊的な無形資産が競争優

位の源泉になっていることから、果たして現場にいない株主の支配権を強めることか得策かどうか議論があろう。

9. まとめ

1. 株主だけではなく多様なステークホルダーの利益をする配慮するのが世界の潮流である。会社のステークホルダーには株主、債権者、従業員、取引先などビジネスに直結する当事者以外にファン、地域コミュニティ、社会、経済、地域など広く含まれる。ガバナンスコードにも「株主以外のステークホルダーとの適切な協働」が挙げられ、そのためにも適切な情報開示と（企業内容の）透明性の確保が要請されている。

2. プロ野球は経済成熟化、少子高齢化等々が進展する日本では成長が期待されるスポーツビジネスの中心の一つである。また歴史的にも日本で最も人気のあるスポーツで社会的な影響力も大きい。従って、その企業行動に対する注目度は高く親会社もその子会社の球団に対する効果的なガバナンスを要求される。

3. プロ野球の球団は株式会社であるので、会社法に則り「決算公告」を行うことは義務である。しかし読売巨人軍と中日ドラゴンズについては球団のみならず、親会社も「決算公告」を行っていない。特に将来の観客予備軍である若いファンに対しての影響を考えると、法定義務を果たすことが重要であろう。

4. 現在の決算公告の制度は法的義務でありながら、形骸化しているように見える。すなわち罰則規定があるにも拘わらず、罰則が課された事例が見当たらない。運用を規定通りに行うか、または会社法の規定を変えることも必要ではないか。

【注】
1) 第3次産業活動指数：第3次産業（非製造業、広義のサービス業）に属する業種の生産活動を総合的に捉えることを目的とする。なお2020年～2022年についてはコロナ禍でプロ野球入場者数が規制されたため、除外されている。
2) 東京商工リサーチ調査によると、公告方法を官報としている株式会社は、株式会社全体の約8割（推計217万9,325社）に達する。だが、そのうち2022年の官報で決算公告をしたのは4万214社、1.8%（2021年1.8%）にとどまり、情報開示に消極的な姿勢が変わっていない。https://www.tsr-net.co.jp>detail
3) 会社法と金融商品取引法が金融システムに関する最も重要な法律である。会社法上の開示（決算公告等）は、株主や債権者のように会社に対して権利を有する利害関係人の利益を守ることを目的とし、金融商品取引法では流通市場における投資家の投資判断に資する情報を発行者に強制的に開示させる制度であり上場会社を対象とする。

4) 有価証券報告書：上場会社、店頭登録会社、有価証券届出書提出会社、その他過去5年間において事業年度末時点の株主数が1,000名以上となったことがある有価証券の発行者が、金融証券取引法（第24条）に基づき、各事業年度終了後3か月以内に内閣総理大臣への提出を義務付けられている書類。（日本取引所グループ　jpx.co.jp）

5) https://adv.chunichi.co.jp/adv-admin/wp-content/uploads/2018/05/2107%E6%B3%95%E5%AE%9A%E5%85%AC%E5%91%8A%E3%81%AE%E3%81%93%E3%82%99%E6%A1%88%E5%86%85.pdf

6) 黒沼（2020）p.12：公開会社と非公開会社は、上場、非上場とは概念が異なる。日本において「公開会社とは、全部または一部の種類の株式について譲渡制限を付していない譲渡制限が課されていない会社といい、公開会社でない会社（非公開会社）とは全部の種類の株式について譲渡制限を付している会社をいう。」株式を上場する場合は、譲渡制限がかかっていないことが必要で、上場できるのは「公開会社」となる。しかし、公開会社であっても上場しない会社がある。英国（イングランド）でも、株式会社（limited companies）は公開会社（public companies）か非公開会社（private companies）に分かれる。英国では公開会社でない会社が非公開会社となる。上場するためには、公開会社である必要があるが、必ずしも上場する必要はない。（MacIntyre 2013）

【参考文献】

黒沼悦郎（2020）「会社法　第2版」商事法務、pp.7-10、12、14-16、23-28、43-48、183-184、239。

松田千恵子（2021）「サステイナブル経営とコーポレートガバナンスの進化」日経BPマーケティング、pp.238-243。

松田千恵子（2015）「これならわかるコーポレートガバナンスの教科書」日経BP。

宮川壽夫（2022）「新解釈　コーポレートファイナンス理論―『企業価値を拡大すべき』って本当ですか？」ダイヤモンド社、p.396。

野崎浩成（2022）「教養としての『金融＆ファイナンス』大全」日本実業出版社、pp.476-482。

近藤他（2016）「基礎から学べる会社法　第4版」弘文堂、pp.1-2。

西崎信男（2017）「スポーツマネジメント入門―プロ野球とプロサッカーの経営学（第2版）」税務経理協会、pp.160-242。

西崎信男（2021）「スポーツファイナンス入門―プロ野球とプロサッカーの経営学」税務経理協会、pp.19-32、pp.129-133。

野原仁（2008）「日本の新聞社の株主に関する実証的分析」岐阜大学、pp.97-98。

MacIntyre, E (2013) Business Law 3rd edition, Pearson, p.96.

Warner, S. et al (2017) The Finance Book, FT Publishing, Pearson, pp.157-173.

経済産業省（2020）https://www.meti.go.jp/statistics/toppage/report/minikaisetsu/hitokoto_kako/20200928hitokoto.html

オリックス野球クラブ決算公告：https://catr.jp/settlements/bbd3e/172558、https://catr.jp/settlements/0daee/220104　https://catr.jp/settlements/0c5d2/270120

https://www.businessroundtable.org/business-roundtable-redefines-the-purpose-of-a-corporation-to-promote-an-economy-that-serves-all-americans

英国政府HP：https://www.gov.uk/annual-accounts/penalties-for-late-filing

2023年、ベースボール・マガジン社70年の軌跡

池田哲雄
株式会社ベースボール・マガジン社代表取締役社長

　1946年（昭和21年）1月、弊社創業者・池田恒雄は、待ちに待った速達を手にして、胸を高鳴らせた。それは何にもまさる"お年玉"だった。差出人は、「水戸・涸沼湖畔」の飛田穂洲。部厚い封書を開けると2メートルを超える障子紙に墨痕もあざやかに飛田独特の筆致が躍っていた。

　前年8月15日、当時34歳の池田は、日本の敗戦を告げる「玉音放送」をこのとき自宅があった東京都北多摩郡国立（現・国立市）の駅前で聞き、すぐに故郷・新潟県北魚沼郡小出町（現・魚沼市小出町）へと向かう。池田には、故郷でじっくり考えたいことがあった。

　「野球が盛んになる…今度こそ思いきって自分が考えている通りのことが書ける時代になったならば…、『野球界』とは別の雑誌を作れないか。もし"自分の野球雑誌"を作るとしたら……」

　池田がスポーツ雑誌の編集、出版にかかわるようになったのは、早稲田大学在学中の31年（同6年）。当時日本最大の出版社、博文館発行の雑誌『野球界』の編集アルバイトから正社員となり、編集長に就いた。しかし日本が戦時体制に入ると、軍部の圧迫が日ごとに増していき、雑誌作りに絶望した池田は、終戦を前に辞表を出して、博文館を去っていた。

　帰郷した新潟の山あい小出町の池田にも終戦後の様子が伝えられてきた。8月末には連合国の日本進駐開始。戦前の秩序の崩壊、価値の転換。そして何より思考基盤の大転換。混乱はつづいたが、そのなかに軍部の圧迫から解放された自由の風も吹き始めていた。

　「アメリカは"野球の母国"ではないか。野球のことを書くのに縛られることが

あるわけがない。野球のどこに規制されることがあるか」と池田は思った。「ア
メリカ人が進駐してきたのなら、きっと野球が盛んになるはずだ」とも。

　そう考えているときにスーッと自然の流れのように池田の頭の中に浮かんでき
たのが、アメリカの雑誌『BASEBALL MAGAZINE』だった。『野球界』ではなく、
新しい日本の新しい野球雑誌『ベースボールマガジン』──その目的を達成するた
めに、池田が焼け跡だらけで食糧難の東京に再び舞い戻ったのは、玉音放送から
1 カ月半あとの 9 月末だった。

「敗戦でうちひしがれた国民が焦土の中から立ち上がるのに野球がどれほど役に
立ち、必要であるかを訴えたい」とずっと考えていた池田は、故郷で『ベースボ
ールマガジン』発刊を思いたったときから、その巻頭文の筆者を「この人しかい
ない」と決めていた。その名、飛田穂洲。戦前、大正期の早稲田大学野球部を最
強チームに仕立てあげたあと、格調高い筆致でくりひろげられる野球論の素晴ら
しさは衆目の一致するところであり、「学生野球の精神的支柱」といわれていた
飛田。池田は『野球界』時代に飛田の許を訪れては、その野球論に接し、共鳴し
ていた。

　池田は上京すると、戦時中から郷里・水戸の在にある実家にこもっていた飛田
を訪ねた。

「新しい日本の出発、青少年を元気づけたい。明朗で清新なスポーツを通じて鼓
舞することがいまほど必要なときはないのではないでしょうか。野球の根源にあ
るのはフェアな精神です。新しい野球雑誌を刊行することで、新しい時代の青少
年のために役立ちたい。そのためにも創刊号の巻頭言をぜひ飛田先生に」と、池
田は懇請する。

　しかし、飛田からは色よい返事をもらえない。池田は、さらに二度、三度と人、人、
人で鈴なりの満員列車に乗りこんで飛田宅へと通っては、執筆を依頼しつづけた。
「よし、書こう」とついに承諾を得たのが 11 月。だが、原稿完成がいつになる
のかは明示されなかった。その 11 月の 23 日には神宮球場で戦後初のプロ野球試
合、「東西対抗戦」が開催された。野球界に新しいスター「稀代のホームランバ
ッター・大下弘」を生み出したことでも、プロ野球史上、記念碑的な対抗戦で、
娯楽に飢えていた時代、ファンは熱い拍手を送り、いかにも新時代到来を感じさ
せた。「新しい時代の野球雑誌」という池田の思いはさらに膨らむ。

　1931 年（昭和 6 年）、早稲田大学文学科英文学専攻に入学した池田は、工場を

経営していた父が苦闘中で、のんびり父の援助を受けて大学に通う身分ではない
ことを知り、同郷の先輩で、当時、家もすぐ近くの読売新聞社運動部記者・小島
六郎（のちベースボール・マガジン社）が紹介してくれた『野球界』でアルバイ
トを始める。

　はじめは「校正の手伝い」だったのが、いつしか池田は学生の身でれっきとし
た編集部員、それも横井春野編集長の助手的存在として仕事の範囲を広げていく
ようになる。東京六大学の各野球部合宿の訪問、取材、記事執筆、選手座談会の
司会手助け…。そこで池田は、当時の球界を代表する花形選手たち、早稲田の三
原脩、伊達正男、佐藤茂美、慶応の水原茂、宮武三郎、山下実、法政の若林忠志、
苅田久徳、島秀之助、明治の田部武雄、東大の梶原英夫らとの交友のきっかけを
つくっていく。のちに巻頭言を依頼する飛田と初めて会ったのもその頃だった。

　ある日、編集長・横井が池田に「飛田穂洲を訪ねて話を聞いて記事にせよ」と命
じた。牛込・弁天町の自宅で会った飛田は、「野球論」より「野球雑誌論」を語った。
「“売らんかな”意識の記事ではないと受けないような時世とは困った時世だ。
いかにも“売らんかな精神”が目立つ記事はスポーツをスポイルするものだ」と
嘆いた。それは、若い池田の心にズシリと響いた。池田がベースボール・マガジ
ン社を興したとき、「ゴシップ的記事を排し、スポーツそのものの記事を」、「そ
の人の前で言えないことは書かない」という二大テーゼを示すに至る淵源であろ
う。以来、池田は飛田の許に足しげく通い、野球論に耳を傾け、飛田哲学にのめ
りこんでいった。

　学業をつづけながらも『野球界』編集の中心的存在として東奔西走していた池
田にとって、運命的転換のときが訪れるのは、早稲田を卒業する35年（昭和10
年）春だった。牛込区（当時）議会議員も兼ねていた横井が選挙違反で逮捕され、
博文館社長・大橋進一みずから池田の自宅を訪れて、「編集長を引き受けてくれ」
と請われた。

　しかし、早稲田大学文学科英文学専攻で、戦後の全国共通の中学校の英語教科
書「Jack and Betty」の編者で知られる萩原恭平教授のもとで英語研究をつづけて
いた池田は、すでに大学からの推薦によって、やはり新潟・長岡市出身の小酒井
五一郎が経営する英語研究書の出版社、「研究社」で旧制中学の英作文の通信講
座を受け持つということで、同社への就職が内定していた。池田は、ゆくゆくは
英語教師になるつもりだった。それを大橋に告げて断ったが、その後も大橋は執
拗に「どうしても正式に編集長になれ」といってきかない。

　考えあぐねた末に、恩師・萩原教授に悩みを打ち明けた。そのときの萩原の言葉が池田の運命を決める。萩原は言った。

「研究社入社は、われわれが君を推薦して頼んでもらったものだ。かたや、天下の博文館の社長がわざわざ足を運んで君にお願いしている。天と地の差だ。大橋社長の意を受けて編集の腕を磨いていったらどうか」。池田は、そこで決意した。野球と相撲を中心とするスポーツの雑誌、出版に本格的に取り組んでいく池田恒雄の第一歩だった。

　36 年（昭和 11 年）、「職業野球・七チーム」が誕生して日本にも本格的なプロ野球が始まった。まだ「野球を商売にするとは変わったことをするものだ」という声があがる時代だった。

　池田は、野球界でも相撲界でも劇的なシーンを “自分の眼” で見、体験しつづけた。晩年の池田恒雄を、「歴史の証言者」と呼ぶ人もいた。

　たとえば、「双葉山、70 連勝成らざるの日」。39 年（昭和 14 年）1 月 15 日、池田は国技館で作家・尾崎士郎と並んで観戦していた。双葉山が安藝ノ海に敗れたとき、国技館全体がゴオーッと鳴り響いたようだったという。双葉山は場所前の満洲（現・中国東北部）巡業の際、アメーバ赤痢にかかって 7 キロもやせ、体調は良くなかったという。それでも双葉山が負けるとは誰もが考えていなかった。その双葉山が土俵に崩れた。座布団が乱れ飛び、火鉢まで飛んできたという。NHK の和田信賢アナウンサーは頭から座布団をかぶって実況をつづけていた。

　安藝ノ海にインタビューしても「どうやって勝ったのか、ただぶらさがっていたら勝っていた。わからない」と言うだけ。いまのようにビデオなどないから、記者室に行っても、ああでもないこうでもないとそれぞれの解釈が違う。「左足をとばしての外掛け」なのだが、翌日の新聞でも決まり手が違っているという状態だった。

　池田は、それら多くの体験を自分の大きな財産として、戦後のベースボール・マガジン社へとつなげていくことになる。

　この双葉山敗戦のあと間もなく日本は戦時体制に入り、出版界も軍部の統制下におかれる。11 年（明治 44 年）9 月に創刊、30 年以上も多くのファンに愛されつづけてきた雑誌『野球界』も 43 年（昭和 18 年）1 月号から『相撲と野球』と改題、さらに「敵性スポーツである野球のことなどを書いているのなら紙の配給を止める」という軍部からの圧迫で、翌 44 年（昭和 19 年）1 月号からやむなく雑誌名からも「野球」の 2 文字を消し、『相撲界』と改題せざるをえない事態に

なった。さらに、軍部の介入圧力は強まる一方だった。次は他社から出版されていた約10種類のスポーツ雑誌や釣り雑誌まで含めて統合させられ、雑誌名は『國民體育』とされた。

そして45年（昭和20年）3月10日、東京の下町が壊滅状態になった大空襲。国立駅近くにあった池田の自宅からも「三鷹あたりが燃えているように見えた」ほどの猛火だった。つづいて5月25日、本郷・小石川・牛込地区が徹底的に痛めつけられた空襲。このときの爆撃で『野球界』を印刷していた共同印刷も壊滅状態になった。軍部の指導で窓辺に積みあげていた膨大な紙の山が燃え、10日間もくすぶりつづける惨状だった。

「もう雑誌を作ってはいけない」と考え、池田は、博文館を辞める決断をした。

終戦後、9月末に郷里の新潟・小出町から上京して、新しい時代の野球雑誌『ベースボールマガジン』創刊へ動き出した池田だったが、飛田穂洲には巻頭言執筆の承諾をもらったものの、まずしなければいけないことは資金調達であり、用紙確保であり、印刷所の確保だった。

戦後、新しい用紙割当・配給の機構ができても、現実問題として用紙の絶対的不足はどうにもならず、再出発したばかりの各出版社は「統制外のヤミ紙をいかにして入手するかに尽き、企画もさることながら用紙の手当に奔走しなければならなかった」（「出版データブック」から）。詐欺師にひっかかったこともある。宇都宮に大量の紙を持っている人がいるということで、金も払い、用紙を収納するために後楽園球場スタンド下の空地をあけてもらって待っていたところ、その男が詐欺罪で警察に捕まってしまったというのだ。

とにかく絶対的な紙不足だから、たとえ用紙割当切符を手にしても肝心の用紙が手に入らないときもあった。創刊号はB5判の32頁建てだったが、それも配給される用紙のせいだった。配給用紙以上の部数を刷るときは、裏がザラザラの仙花紙を使うしかなかった。その"ザラザラ裏紙"には写真を使っても鮮明な印刷は不可能で、編集のときは、そういう裏頁のことまで考えなければならなかった。そのころ新聞の巻取紙が大量に出回った。出版社割当用紙だけでは出版用の紙は足りない。そこで新聞用の巻取紙を出版用に裁断して使った。そのため「裁断屋」と呼ばれる工場が繁盛したりした。

池田には心強い"援軍"がいた。前述の共同印刷である。大橋芳雄社長は「ドイツ製のオフセット輪転機が稼働しているから使ってもいい」と言ってくれた。

日本最大手の印刷所の協力は、いざというときに心強いものがあった。

1946年（昭和21年）1月、飛田穂州から速達便が届く。巻頭言用の原稿だ。「進め！　野球の大道へ！」と題された、その原稿を読み終わったとき、池田は「これで創刊号は大丈夫、いけると確信した」という。

「住家も焼かれた。知己友人の多くも喪（うしな）つた。死所を故山（こざん）に求めて帰れば、こゝはまさに新戦場たらんとしてゐる」という書き出しで始まる一文は、「国民生活の混乱背徳行為の羅列、飢えと寒さの惨憺（さんだつ）たる姿」を嘆じつつも、「悲運戦禍の中に翻弄されたけれども、敗れてなほ且つ日本人の衿持を失ひたくない」、「敗戦の教訓を生かして、更によりよき人生を創造しようといふのは、（中略）一層、教養度を昂（たか）めねばならぬといふことである」と読者を鼓舞激励する。

そして、飛田の眼は、少年たちの姿に注がれる。

「ことに目標を奪はれ、或種の感激を失つた青少年の頽廃的気分は、建直さるべき将来の日本に、どんな影響をもたらすであらうか。小中学生を始め大学生等、村落の青少年に至るまで、空虚そのものの如く、自制心を失つてゐる。衝撃が大きく、ひたむきの目標を失つた彼等には、頗る同情に値するものはあるが、さればとて、いまのまゝで将来の日本人が立ち行く筈がないのである」

「此の頃の世態は、生活の中から根こそぎ明朗性を奪ひ去られた。（略）吾々は一斉に起つて、戦雲の晴れ間から、是れを取り戻さねばならないし、何を置いても、青少年層に明朗たる人生の生甲斐を吹きこまねばならない」

そして飛田は、その「明朗」に触れ、具体的に「野球」に言及していく。

「明朗とはいささかの曇りなく邪気のない事である。そして邪気のない生活とは、白日の下に己の力を出し切る事である。天真の流露するプレイグラウンド程是等の明朗性を持合せてゐるところはない」

「一個の球の中に生きる人生を説き、社会生活を説いた筆者の過去は夢となつてもよい。いまは只、青少年諸君に（略）懇望する。諸君は明朗闊達なる気分の中に吸い込まれて、新しき活力を養ふ為めに、各々好めるスポーツの中に抱かれることである。一個の球さへあれば、さんさんたる天日は、清澄たる外気は諸君の欝塊を吹き飛ばして、日本人本来の面目を躍如たらしむるに相違ない」

「我々は、日本の野球永久に滅びずと、血の戦野に雄叫んで、戦場の露と消へ果てていつた同志の霊に、野球復興の報告を捧ぐることも出来るといふものだ」

そして以後、愛球家の間で合言葉にさへなる「無心のボール」を登場させ、飛田は結語した。

「窮迫せる身辺に、一個のボールを求むるの難事たるべきは、想像に難くないが、破れたる無心のボールの中に、やがて救国の芽生ゑを感ずるならば、不自由を不自由と考へずに道を楽しみ、明朗人生のスタートを切られたい」

　池田は読み終わると、その原稿を自分で四百字詰原稿用紙に書き写し、横に開くと2メートルに及ぶその巻紙を「社宝」にしようと心に決めた。その原稿は、70年後のいまなお墨のあとも生々しく額に入れられ、池田の生まれ故郷にほど近い地、浦佐（新潟県南魚沼市）にのちに建てられた「池田記念美術館」に飾られ、いまも訪れる人の目を惹いている。

　まさに意図していた通りの巻頭言を手にした池田は「感動で勇気が湧き」、創刊号の編集作業を急ピッチで進めていった。

　執筆者・社友として、戦前の『野球界』編集長時代からずっと交際の深かった当時の日本野球界の重鎮、鈴木惣太郎、山内以九士、大和球士、天知俊一、若原正蔵の各氏と交渉、全員が池田の再出発を祝って協力を快諾、次々に新しい時代の新しい野球を論ずる原稿が届き始めた。

　『ベースボールマガジン』創刊号は、1946年（昭和21年）4月20日発行、B5判、本文32頁、2円50銭。発売したあとすぐに完売した。表紙は、前年11月、戦後初のプロ野球、第1回東西対抗戦でさっそうとデビュー、戦前の野球では見られなかった華麗な長打力で野球ファンをアッといわせた眉目秀麗の美男子スター、「セネタースの大下弘外野手」のバッティング・フォーム。場所は埼玉・大宮球場。背景に進駐軍兵士の姿が見える、いかにも時代相を感じさせるものだった。

　『ベースボールマガジン』創刊以後、『相撲』『陸上競技マガジン』『プロレス』『週刊ベースボール』『ボクシングマガジン』『サッカーマガジン』『ラグビーマガジン』『週刊プロレス』…と次々に意欲的に新しいスポーツ誌を創刊、今日まで、四十数種に及ぶスポーツ雑誌と、関連する多種多様なスポーツ書籍を発行、日本最大の「総合スポーツ出版社」として君臨するに至った原点は、「美しい心の球」を強調した、この「創刊のことば」の中にあるといっていい。

　この『ベースボールマガジン』創刊後、一時は二十数誌にも及ぶ野球雑誌が乱立したが、『ベースボールマガジン』のみが生き残り、いまも継続している精神基盤について、出版評論家・塩沢実信氏は、『月刊公論』1990年4月号の誌上で、次のように書いている。

　――（多くの）野球雑誌は（略）グラウンドの人気とか熱狂とは裏腹に、年々消え去っていった。その理由は、池田の分析によると次の通りだった。

「野球雑誌の全盛の頃、ほとんどの雑誌は（略）野球の本質からはずれたスキャンダルやゴシップ的な興味本位の記事ばかりを載せ、その場かぎりの誌面づくりに狂奔していましたよ」

　池田の率いる『ベースボールマガジン』は、社名ともなっているプライドで、スポーツマン・シップの原点、フェアプレー精神を前面に打ち出した編集方針をとっていた。小、中学時代から野球選手だった池田は、野球は煎じ詰めれば見るものではなく、やるものだと考えていた。その考えのもとに、投球や打撃、守備のための分析写真によって、一流の評論家、選手による解説をつけ、スポーツマン・シップに則ったヒューマン・ドキュメント、試合の経過詳報など、オーソドックスに対処したのである。飛田穂洲にはじまり、小泉信三、内村祐之、川上哲治など幾多の人物、名選手の教えや協力があった——。

　池田が後年もずっと若い編集者に説きつづけた「プレー・フェア、プレー・ハード、プレー・フォア・ザ・チーム」の精神は、『ベースボールマガジン』創刊後、常連執筆者になる三宅大輔（早慶戦復活時の慶大監督、巨人の初代監督で近代野球の研究家）の紹介で会った慶應義塾塾長・小泉信三との会話のなかから生まれた教えだった。初対面で、小泉は池田に言った。

「ジャーナリズムもまたフェアプレーを忘れてはならない。記事を書くとき、その人の前で言えないようなことは書いてはいけない。ジャーナリズムは、時間に追われ、ときにはコメントもとらずに好き勝手なことを書くこともあるようだが、そのようなアンフェアなことは避けるべきです」

　池田は、"わが意を得た"思いで、それを「社是」にしようと考えた。

　小泉はまた、スポーツに関しては「グッド・ファイター、グッド・ルーザー」を強調した。常に闘志をもって戦い合う。よく戦って敗れるもまた、闘志あふれる戦いであればいいではないか。スポーツにはそういう闘志ある戦いのなかにこそ、勝者・敗者を超えた感動がある。プレー・フェア、プレー・ハード、プレー・フォア・ザ・チームの精神で戦い合えば、そこにこそ人の心を動かすものが生まれる…。それもまた、池田の若い社員への教えのひとつとなった。

　野球関係者や周囲の誰もが認める池田と「肝胆相照らす仲」だったのが、プロ野球誕生からともに歩いてきた鈴木龍二（元セ・リーグ会長）だ。元西鉄の強打者だった豊田泰光は、池田が亡くなった（2002年2月9日、90歳で没）とき、『週刊ベースボール』の自身の連載「豊田泰光の『オレが許さん！』」のなかで鈴木・

池田の関係を、こう書いている。

「オレはね、（池田と）故・鈴木龍二元セ・リーグ会長とのコンビが絶妙だった
と思うんですよ。戦前からのこのコンビが野球界に果たしてきた役割の大きさは、
知る人ぞ知る。このコンビがなければ、プロ野球と野球ジャーナリズムのいまの
ような隆盛はなかった」

　国民新聞（いまの東京新聞の前身のひとつ）記者だった鈴木の野球界とのかかわりは、1936 年（昭和 11 年）、創設された職業野球球団・大東京の球団代表となり、直後に発足した日本職業野球連盟（現在の日本野球機構）の理事も務めた転身に始まる。当時、鈴木の 15 歳年下の池田は、グラウンド以外でもふたりは頻繁に顔を合わせるようになって、親交を深めていった。

　池田は、60 年（昭和 35 年）に『ベースボールマガジン』で連載した「スポーツ雑誌とともに 30 年」のなかで、プロ野球草創期にがんばる鈴木ら球界関係者を思い浮べて、書いている。

「寒いみぞれ降る日でも、どんなに数少ない観衆相手でも関係者はみんな一所懸命だった。そういう"捨て身で種まいている人々"に、いつ報われる日が訪れるだろうかと、ずっと考えていた」

　一方、鈴木も 67 年、創刊 500 号を迎えた『週刊ベースボール』（後述）9 月 25日号に「週刊ベースボール 500 号に思うこと」と題して寄稿。行間にふたりの親密な関係、信頼がよく読み取れるので、少々長くなるがその一文を引用する。

「池田恒雄社長と私とは、戦争前からの親しい間柄で、当時、野球界の編集責任者であった彼が、軍部の野球に対する無理解なる圧迫に抗して、私たちプロ野球関係者が軍にいじめられながら試合をつづけているときに、私たちに誌面協力してくれたことには、いまなお感謝している。（略）プロ野球が再発足した昭和二十一年に池田さんは、ともに苦労しようと、当時、紙不足のなかでいち早く、月刊ベースボールマガジンを出してくれた。（略）池田さんの偉いところは着想の鋭さもあろうが、いつも日本の野球の発展になることであれば、辞するところなくあえて犠牲出版をしてくれていることである。（略）私は心から池田氏のこうしたプロ野球に対する協力にいつもながら感服し敬意を表している。このようにベースボール・マガジン社とわれわれプロ野球とは、金蘭の契りでも結びたいような近親感を持っている」

　1951 年（昭和 26 年）、月刊『相撲』（52 年 2 月）に先がけて新たな月刊誌が登

場した。『陸上競技マガジン』だ。

　夏が始まろうとしていた時季だった。母校、新潟・小千谷中学（旧制、現小千谷高）で池田の 2 年後輩になる、当時、東京学芸大学助教授で日本陸上競技連盟公認審判員だった旧知の中林久二が訪ねてきた。のちに学芸大学学長になる中林は、高等師範時代、吉岡隆徳、佐々木吉蔵らと組んで 400m リレーの日本記録を作ったこともあるアスリート。戦後、再興を図る日本陸上競技連盟の幹部のひとりとして奔走していた。

「もうすぐアメリカから若く実力のある精鋭を選りすぐった陸上競技の選手団が来日して、東京大会はじめ北海道から九州まで全国各地で日米陸上競技大会を開きます。ついては…」

　戦前の 28 年（昭和 3 年）、第 9 回オリンピック、アムステルダム大会の三段跳で優勝し、メインポールに初の日の丸旗をあげた織田幹雄はじめ大いに世界に気を吐いた日本陸上競技だったが、戦時中のブランクがたたって戦後のレベルは"世界"とはかなりかけ離れたものに落ちていた。

「なんとかもう一度"世界"に伍していける陸上競技界にしたい。百聞は一見にしかず、世界的選手に接することが最上の道」と考え、それが「アメリカ陸上競技選手の招請」となった。背景には、前年の国際オリンピック委員会（IOC 総会）で日本はドイツと共にオリンピック大会への復帰参加が認められたばかりだということがある。翌 52 年には、フィンランド・ヘルシンキで第 15 回オリンピック大会が開かれ 16 年ぶりに参加することになっていた。

「せっかくアメリカの一流選手を呼ぶチャンス。選手もコーチもわれわれも、もちろん百聞は一見にしかずだが、さらに彼らの技術を確実に今後に生かしていくためには、彼らの技術などを余すところなくとらえた分解写真、解説を記録として残し、あとにつづく若い選手たちにも示していく必要がある。なんとか、池田さんとベースボール・マガジン社の力を貸してもらえないだろうか」

　それが中林の訪問の目的だった。これまで何度も『ベースボールマガジン』誌上で米大リーガーやプロ野球一流選手の分解連続写真による打撃、投球フォーム研究によって野球技術の向上に意を尽くしてきた池田にとって「陸上競技界再興のため、若い選手の技術向上のために力を…」と言われては、一種の使命感のようなものを感じるのだった。

　陸連幹部 4 人を編集企画顧問に委嘱、同年 8 月 1 日発行の『陸上競技マガジン第一集』をスタートすることになる。同誌はとりあえず「毎月 1 回発売」とした。

この年、7月18日から約1カ月間行われた戦後初の「日米陸上競技大会」。全種目の当時の世界トップ・ランクのアスリートたちの詳細な分解連続写真と陸連幹部総出の「解説」を載せた『陸上競技マガジン第一集』は、それまでその種の"教科書"がなかった日本全国の陸上競技選手と指導者たちの圧倒的支持を得た。当初の計画通り、『陸上競技マガジン第二集』、『同・第三集』、『同・第四集』へと発展していく。

　「第二集」は、ようやく国内の陸上競技大会が活発になってきたことを示す全国高校陸上大会の詳報も加えたが、頁の大半は日本全国を縦断した「日米陸上競技大会」における日米選手の連続写真と解説にあてた。日本選手はアメリカ選手にまるで歯がたたなかったが、連続写真によって彼我の技術対比を解説することによって技術の向上に努めようという誌面づくりは徹底していた。

　『陸上競技マガジン』は52年2月発行の第四集から「陸連・高体連推薦」となり、同年5月発行の第六集から「日本陸上競技連盟機関誌」となって月刊誌として今日に至る。

　52年（昭和27年）、桜の開花を前にベースボール・マガジン社は、「野球雑誌の最高権威、全頁グラビア印刷、月刊ベースボールマガジン」、「日本唯一の陸上競技誌、オリンピックをめざす若人必携の技術指導書、月刊陸上競技マガジン」、「相撲ファン待望の月刊・相撲」と、定期刊行の3誌を並べて大々的な宣伝にも乗り出していった。それが6月、たちまち「4大雑誌」となる。『GOLF magazine』の創刊（当初季刊、翌年7月月刊化）。英文での雑誌タイトル表記は、日本の出版界では戦後初めてだった。

　この年の春、関東プロ・ゴルフ協会会長・安田幸吉たち協会幹部が池田を突然訪ねてきて、「日本ゴルフ界興隆のため、ゴルフ専門誌を出せないだろうか。協会あげて雑誌の売り上げに協力する」と申し入れた。『陸上競技マガジン』創刊のときと状況は似ている。当時まだゴルフをやる人は少なく、いまのような大衆スポーツにはほど遠かったが、そのスポーツがどんな種目であれ、その競技の「興隆のため」という言葉が池田を動かした。

　「戦後10年」という形容でくくられた1955年（昭和30年）は、焼土から復興へ遅しく立ち上がった日本のひとつのターニング・ポイントでもあった。

　この頃、"街の大人気"といえば、プロレスだった。この年の4月1日、第2の民放テレビ局、ラジオ東京テレビ（現TBS）が発足、NHKのテレビ受信契約

は 10 万台を超えた。53 年（同 28 年）から街頭テレビ受像機を設置してきた日本テレビは、それでもなお駅前広場などに街頭テレビをどんどん増やしていき、そういう "テレビ時代" がプロレス人気を盛りたてていった。プロレスが放映される日、テレビ受像機を置いてある喫茶店は朝早くから整理券を発行、その整理券を手にしたファンで夜の喫茶店ははちきれんばかりになった。

前年 2 月 6 日、大阪府立体育会館（現・エディオンアリーナ大阪）で行われた「日米対抗プロレス」を NHK（大阪）が試験電波で放映したのが初のプロレス実況中継だったが、2 月 19 日から 3 日間、東京・蔵前国技館で行われた力道山・木村政彦—シャープ兄弟の「世界タッグマッチ選手権」が本格的プロレス・ブームの幕開けといっていい。この "国際大会" は NHK と日本テレビが同時に実況中継、それがプロレス・ブームに火をつけた形になり、街頭テレビの前は黒山の人だかり、少年たちの間にも "プロレスごっこ" が流行した。52 年（昭和 28 年）12 月、それまでタッグを組んでいた力道山と木村政彦の間で凄惨な "日本選手権" があって日本人同士の試合は敬遠され、その後はもっぱら力道山、遠藤、豊登らを中心とする日本人勢と "悪役仕立て" の外国人レスラーの対決という方式をとり、それが当たった。同年 7 月、大相撲の元横綱・東富士がプロレス転向を表明、さらに話題はふくらんだ。

池田が大相撲の関脇時代から懇意にしていた力道山から相談を持ちかけられたのはその頃。力道山は自分のプロダクションから『RIKI』という雑誌を出していたが、プロレス人気ほどは、雑誌がうまく回転しない。うまくいくにはどうしたらいいのか、という相談だった。

「ではひとつ、ウチで出してみましょうか」と言ったのが 8 月 15 日発行の「ベースボールマガジン増刊」の『プロレス』だった。だから、この実質的な "プロレス第 1 号" は、『ベースボールマガジン第十巻第 10 号』となっている。

表紙は力道山と東富士、ちょうど来日して全国を転戦中だった「動くアルプス」といわれたプリモ・カルネラとゼサス・オルテガの 4 レスラー。力道山は「人間台風」、東富士は「動く富士山」で、巻頭の観戦記は柔道の国際派、NHK ラジオ「とんち教室」で人気の石黒敬七。爆発的に売れて 9 月 15 日にはすぐ第 2 号、10 月発売の第 3 号もまた…となり、55 年（昭和 30 年）11 月 15 日発行の第 4 号で早くも「これまでベースボールマガジンの増刊として刊行されてきた同誌も、読者の圧倒的なご要望にこたえ、定期刊行物として独立した。今月号から一本立ちの月刊雑誌『プロレス』である。ここに第一巻第 1 号をお送りする」ということ

になった。

　力道山たちはシンガポールをはじめ東南アジアをまわっていた。表紙は、現地からのフィルムによる試合の模様で、「キングコング」と呼ばれたハンガリー出身の巨漢レスラーが力道山の空手チョップ攻勢に倒れる写真だった。

　家庭電化時代。ステレオ、LPレコードの普及、宝くじ、パチンコ人気。そのなかでも「プロレス人気」は突出した社会現象にまでなった。" 流行語 " は「兵隊の位でいえば…」や「ノイローゼ」。そのなかに「ボディビル」というのもあった。月刊雑誌『プロレス』につづいて月刊雑誌『ボディビル』が登場したのは、55年（昭和30年）の11月（12月号創刊号）だった。年内に発行された『ボディビル』第2号（56年1月号）からはアメリカのボディビル誌『マッスルパワー＆マッスルビルダー』と提携、ボディビルの先進国アメリカの写真、情報記事があふれた。

　「ベースボールマガジン増刊」として初めて水泳競技の世界へ足を一歩踏み込んだのもこの年から。9月発行の『日米水上優勝記念号』だ。これが、のちの『水泳競技マガジン』→『スイミングマガジン』へのスタートとなる。

　前年、平泳ぎに潜水泳法が登場、古川勝が次々に記録を更新。8月、神宮プールで行われた日米対抗は大人気。「秩父宮妃殿下をお迎えしての開会式には、会場に入ることができなかったファンの一部が、プールの外に立ち並ぶ木や照明塔に登って観戦する騒ぎが起きた。ダフ屋も現れ、場外は騒然とした。選手に割りあてられた切符も1日、3枚。プロ野球が水泳競技会の日程をさけて試合日を組むほど」水泳競技が絶好調の時代でもあった。『日米水上優勝記念号』では「古川驚異の世界新記録、もぐり泳法の威力」と得意の連続写真による技術解説のほか、アメリカのキッパス監督による「日本水泳陣は強くなった」という特別手記も載せている。

　1956年（昭和31年）6月、さらに強力な月刊スポーツ誌が加わった。『ボクシングマガジン』の誕生だ。4年前に日本人初の世界王者（フライ級）となった白井義男は前年引退したが、日本のプロボクシング界にも次々に若々しい新しいヒーローが登場していた。たとえば、創刊号の表紙に登場した東洋フェザー級チャンピオン・金子繁治、東洋フライ級チャンピオン・三迫仁志。また、たとえば「魚河岸の怪童」と呼ばれた沢田二郎。他のスポーツ同様、戦争の激化、空襲、終戦後の混乱などで活動を停止していたプロボクシングも早々に関西で、つづいて東京での試合で再開。46年（昭和21年）には日本拳闘協会が発足、翌47年8月

には後楽園球場特設リングでフライ級からミドル級まで 6 人の初代チャンピオン決定戦が行われた（戦前に 2 度行われた日本選手権大会は、基本的に単年のチャンピオンシップを決めた大会）。49 年 12 月に白井義男が堀口宏（ピストン堀口）を破って日本フライ、バンタム 2 階級制覇を達成した試合には 1 万 5000 人の観衆がつめかける…というように盛況に向かっていた。

52 年 4 月に日本ボクシング・コミッションが発足、同 5 月 19 日に白井が後楽園球場特設リングで行われた世界フライ級タイトルマッチで王者タド・マリノ（アメリカ）を下し王座獲得。以後、4 度防衛する。54 年 12 月に日本テレビが初めてボクシング中継を始めると、翌 55 年には TBS が「チャンピオン・スカウト」を発足、テレビと組んでから急速にボクシング人気が広がり、ボクサーを目指す青少年の数も増えていった。56 年には、東京と大阪だけで 43 ジムを数えるほどになっていた。

『ボクシングマガジン』創刊号は、金子、三迫、沢田ら人気ボクサーの特集を組む一方で、ここでも連続写真をフルに使って「これからボクサーを志望する人、または現在ボクシングをつづけている人のため」（編集後記より）の「ボクシング教室」「同講座」を忘れていない。

雑誌以外にも 57 年（昭和 32 年）に書籍出版して大ヒットを生んだのは、55 年 4 月号から月刊『ベースボール』で長期連載して話題を巻き起こしていたアル・キャンパニス著、多摩清訳、内村祐之閲『ドジャースの戦法』の単行本化だ。のちに川上哲治が巨人の監督に就任（61 年）したとき「野球の教科書」として採用、「V9 巨人（65 年〜 73 年）の下敷になった」といわれた名著で、「（就任 1 年目の）ベロビーチ・キャンプに出かけた巨人軍の選手一人ひとりに持たせた」という。書店では、ながらく品切れのところが続出したほどだった。

出版に際しては「ブルックリン（当時）・ドジャース」のジャッキー・ロビンソン三塁手やピー・ウィー・リース遊撃手もわざわざ『ドジャースの戦法』の日本語版刊行を喜んで祝辞を寄せた。

「この本は近代的なベースボール・ゲームへの手引である。オーバーシフティング・インフィールド（極端に移動した内野守備）、6 人内野、新しい投球法に関するアル・キャンパニス氏の解説は、類書には見られない特色だ。この書は若いプレーヤーには千金に価することはもちろんであるが、小リーグや草野球、高校や大学のコーチ諸氏の虎の巻としても好適だろう」（ピー・ウィー・リース）

翌 58 年 7 月には、『ドジャースの戦法』につづく「勝利への野球を指導する本格的な技術教科書」として「巨人軍のスプリング・キャンプで水原茂監督が熱心に読みふけっていた本」、アーサー・マン著、三宅大輔、猪子一到共訳の『ウイニング・ベースボール』も刊行された。

　1958 年（昭和 33 年）からのベースボール・マガジン社にとってのエポック・メーキングな話題といえば、なんといっても 4 月創刊の、会社始まって以来初の週刊誌、『週刊ベースボール』の創刊だ。池田は、3 月 25 日発売の月刊『ベースボールマガジン』4 月号にみずから筆をとって、こう書いている。

　「四月一日から『週刊ベースボール』を出すことになった。毎週、火曜日に発売（のち水曜日発売）される。編集部スタッフは、今日あるを期して、以前からスピーディーな記事の取り扱い方にかなり猛練習をしてきた筈だ。いつかは週刊誌になるだろうという覚悟がみなぎっていた。編集に関する限り心配はいらなかった。（略）しかし六大学野球のように春と秋に行われるというのでなく、一年を通じてのロングランとなると、プロ野球を追って記事を書く方も写真をとる方も、まったく目のまわる忙しさを呈する。それほどめめぐるしいのに、記事だけが一カ月分まとめて半月も遅れて出るというのはどうしたことかと、かねがね考えてみてはいたが、印刷や製本の問題で、なかなか週刊に切りかえることはむずかしかった。ようやく今年に入ってから印刷の問題もかたがつき、週刊誌発行に踏みきることになった。スポーツ新聞が数多く出ているのに、という声もあったが、ベースボールだけの記事に埋まっている読みごたえのある新聞というものは、そう多くはない。週刊誌には、新聞と違った味が出てもいい筈だ。グラフにしても記事にしても、もっと掘りさげて扱えるし、特に少しでも早く愛読者に記事を提供できることがなによりも嬉しい」

　同じそのコラムの中で、池田は次のようにも書いている。

　「本誌の一月号は“本誌の創刊以来”最大の売れ行きを示したが、これは“巨人軍騒動の真相”という記事が愛読者の絶賛をかったからだと思っている。これは、たまたま編集の〆切りに時間的に間に合うように、騒動が起きてくれたから、たすかったのだ。こうした心配は、もう必要がなくなるだろう」

　“巨人軍騒動の真相”とは、「水原（監督）、あやまれ事件」と呼ばれた、水原監督の進退をめぐる球団社長・品川主計とのあつれきで、ジャイアンツのオーナーである読売新聞社社主・正力松太郎が当時、国務大臣だったことから、その大

臣室で行われた正力・品川・水原の三者会談の一部始終がそっくり電波（ラジオ）に流れた。それを細大もらさず活字にしたのがタイミングよく、大ヒットにつながった。事件、話題とタイミング、速報性。「週刊誌化」は、まさに"そのとき"にきていた。

もうひとつの大きな理由は、魅力いっぱいの大型ルーキーたちのプロ入りだ。その名、長嶋茂雄（立大―巨人）、杉浦忠（立大―南海）、森徹（早大―中日）…。長嶋をひと目見ようとキャンプ地・明石の駅から球場までの道はファンで埋まり、オープン戦だというのに切符を求めて徹夜のファンまで現れる熱狂的人気でプロ野球は開幕した。

4 月 1 日発売の『週刊ベースボール』4 月 16 日号・創刊号の巻頭特集は、その「まき起こる長嶋ブーム」。2 大連載が大井廣介「プロ野球騒動史」と大和球士「花形選手・暮らしの手帖」で、3000 号を超えてなお読者の支持を得てつづいている「12 球団の週間報告」。「毎週の戦績批評、スケジュールと予想、選手の宿舎やテレビ、ラジオの放送番組など野球のことならなんでもわかる便利な頁」だ。

表紙は長嶋茂雄と広岡達朗。試合前の外野に呼んでの特別撮影。20 年後、『週刊ベースボール』が通算 1000 号に達したとき、ふたりに同じポーズをとってもらって、やはり特別撮影した。創刊号はグラビア 24 頁、本文 66 頁で 30 円。コーヒーが 1 杯 50 円から 60 円、カレーライス 100 円、タクシー 1 区間が 60 円の頃だ。爆発的なヒットとなった。

この年、週刊誌創刊が相次いだ。『週刊ベースボール』につづいて『週刊大衆』（双葉社）、7 月に『週刊明星』（集英社）と『週刊サンケイ・スポーツ』（産経新聞社）、9 月に『週刊実話』（実話出版）、12 月に『週刊女性自身』（光文社）。まだ、講談社の『週刊現代』も文藝春秋社の『週刊文春』も生まれていない。『週刊ベースボール』は、『週刊新潮』（56 年 2 月創刊）につづく出版社発行の週刊誌ブームの先陣を切る形となった。

大衆参加のスポーツでいえば、1962 年（昭和 37 年）は「（第 1 次）ボウリング・ブーム」といわれた年でもあった。東京・青山に日本初のボウリング場ができて（昭和 27 年 12 月）以来、ドン・カーターの『ボウリング』など他社に先がけボウリング関係書も多く刊行してきたベースボール・マガジン社としては、ボウリング人口 1000 万人を超えたとあっては手を差し伸べないわけにはいかない。すかさず「本場アメリカで大評判の写真図解の技術入門書」を『スポーツマガジン』別冊として「ボウリングに強くなるために」として 63 年 10 月に刊行、急激に増え

たボウリング・ファンのための手引書とした。このとき、特別付録としてつけたのが日本初の「全国ボウリング場案内」だった。

　翌 64 年 3 月、本場アメリカの「ブランズウィック・チャンピオン」ネッド・ディ氏がドン・カーターなど一流ボウラーをモデルにしてボウリング上達の秘訣を写真解説した日本版「わかりやすいボウリング入門」が『スポーツマガジン』4 月号。「正しいボールの選び方」から「スタンス、フットワーク、ステップ・アプローチ、正しいリリース・ポイント」など初心者向きの解説書は、そのまま 6 月創刊の新雑誌、季刊『ボウリング・マガジン』へと発展していく。創刊号の内容は「写真で見るボウリングの基礎知識、ボウリングと健康、全国ボウリング場案内」。創刊 2 号では「特集ドン・カーターとカルメン・サルビーノのボウリングの秘訣」のほかに「第 1 回全日本ボウリング選手権大会」や「国際親善ジュニア・ボウリング大会」、「高まる団地のボウリング熱」……ボウリング・ブームの状況がよくわかる。軟派ものまで盛りだくさんだった。

　1966 年（昭和 41 年）の 5 月、『サッカーマガジン』が創刊される。『サッカー協会 75 年史』（96 年刊）に寄せた原稿の冒頭で、池田恒雄は書いている。
「J リーグが発足（93 年＝平成 5 年）して若いファンの熱狂的な支援を受けるようになってから、よく日本で初めてサッカーマガジンを創刊した当時のことを質問されるが、私はそのたびにサッカーマガジン創刊の 5 年前の東ヨーロッパへの旅を思い出していた。当時の日本で、一部の熱狂的な愛好者はいてもまだ多くの一般大衆になじみが薄いスポーツの指導書探求の旅だった」
　そこでヨーロッパ・サッカー界の権威、ハンガリーのチャナディ氏に会い、きわめつきの指導書、『チャナディのサッカー』の版権を得、日本にもいつか高まるであろう "サッカー熱のその日" を待ちつづけた。
　65 年（昭和 40 年）、サッカー界は 7 月から日本代表チームがソ連、ヨーロッパ遠征、12 月にはソ連のトルペド、スウェーデンのアイコー両チームを日本に招いての三国対抗戦というサッカー国際交流、そして天皇杯大会で 64 年に優勝した早大が八幡製鉄（現・新日鉄住金）にくいさがったが敗れている。
「早大チームの釜本邦茂の華麗なプレーも目に焼きついてはなれず、私はついに決意、急きょ編集部を編成してサッカー特集号の製作に GO 発進を出したのは、昭和 40 年の暮れもおしつまった頃だった」

池田は書きつづける。

「当時の日本代表チームを引っ張っていた長沼健、岡野俊一郎両氏はじめ日本蹴球協会幹部、技術委員、八重樫茂生、杉山隆一、釜本邦茂、宮本征勝ら日本代表選手の協力のおかげで幸い読者の好評を得たので、私はすぐ定期刊行の月刊誌、サッカーマガジンの創刊に踏みきった」

70 年（昭和45 年）には『テニスマガジン』を創刊した（9 月 10 日発売、10月創刊号）。

67 年に東京で行われたユニバーシアード大会男子シングルスで金メダルの渡辺功につづいて銀メダルに神和住純の登場。その年にアメリカ・マイアミで行われた“世界ジュニア選手権”ともいうべき「オレンジボウル」で高校生（松蔭高）の沢松和子が日本人として初めて優勝。沢松は69 年の全仏、ウインブルドンでのジュニア選手権でも優勝、世界をアッといわせ、日本人も「テニス界にそんな若い実力派がいたのか」と認識を新たにした。

68 年1 月には女子庭球連盟が設立され、テニス講習会、練習会、トーナメント大会を次々に開いて、皇太子ご成婚以来、静かに広がっていたテニス・ブームが本格化していった。学生選手権では神和住純（法大）の3 連覇、学生室内選手権では坂井利郎（早大）の連覇、全日本選手権の女子シングルスでは“高校生・沢松”が67 年（昭和42 年）から優勝をつづけ、大学生（松蔭女子大）になってもその座をゆずらず「沢松和子時代」を築いていた。『テニスマガジン』は、日本のテニス界がそういう状況にあったとき、誕生した。

1971 年（昭和46 年）、ラグビー日本代表チームは9 月に来日した「一流国のナショナル・チーム」イングランドと激闘。花園での第1 戦を5 度の逆転劇を演じ、19 － 27 の惜敗。秩父宮での第2 戦もイングランドをノートライに抑えたが、3 － 6 で涙をのんだ。敗れたとはいえ、世界に“日本強し”を誇示した試合だった。その秩父宮ラグビー場での第2 戦には定員を超える大観衆がつめかけ、協会はメインスタンド側のグラウンドを観客に開放、ロープを張って急ごしらえの席を作るほどの人気だった。

この年の大学ラグビーでは早大が2 連覇、明大が長い間の低迷を抜け出て「早明黄金時代」を迎えようとしているとき、そこに早大には藤原優、明大には松尾雄治という大型新人が登場してきた。ベースボール・マガジン社から創刊NO.1『ラグビーマガジン』春季号が出たのは、そういうときだった。

『ラグビーマガジン』が月刊になったのは75 年5 月。ちょうどイギリスからエ

リザベス女王が来日、同時にラグビーの本場から名門ケンブリッジ大学が来日していたときで、日本代表が同大学から史上初めて勝利を挙げたときだった。

　78年（昭和53年）10月、『自転車競技マガジン』を創刊。『自転車競技マガジン』創刊号の巻頭特集は自転車競技レースの長い歴史を誇る「ツール・ド・フランス（この年、第65回）」のヒーロー、ベルナール・イノーを中心としたものだったが、「都道府県対抗」、「西日本実業団対抗」、「全日本大学対抗」、「高校総体自転車競技」など国内の自転車競技大会の報道のほか、各界の代表者による「座談会・日本自転車競技のレベル・アップを考える」、あるいは「ビギナーズ・ガイド／自転車競技入門」といった企画にみるような"日本の自転車競技振興に資する"といった気概に満ちていた。

　この頃ずっと出版界は「雑誌の季節」といわれていた。一般的にそういわれる前から当社は毎年のように新しい定期刊行雑誌を発行しつづけ、79年（昭和54年）には週刊誌1（『週刊ベースボール』）、月刊誌11、シーズン刊2の多くを数えていた（この年11月には『近代柔道』が創刊される）。つまり、日本出版界の、このときの現象をひと足もふた足も"先取り"していたことになる。

『近代柔道　JUDO』の誕生を、池田恒雄の創刊のあいさつから抜粋する。

「柔道はいまや世界的なスポーツとして、ことに1964年開催の東京オリンピックから競技種目として実施されて以来、世界各国ではなばなしい隆盛をみせています。（略）わが国の柔道界は、昨年からモスクワ五輪にむけて国際試合が活発に行われ、山下泰裕五段（東海大）の全日本選手権2連覇で幕を開け、またその山下選手が今年度の同大会では、戦後の全日本選手権では初の3連勝を成しとげたことは、まだ記憶に新しいところです。（略）日本柔道界の繁栄にむけ、国内はもとより広く海外に取材網を駆使し、世界の柔道界の動向を誌面に満載するとともに、日本の柔道についても読者のもっとも欲する情報と技術を提供する所存であります」

　その『近代柔道　JUDO』創刊直後の12月6日、パリで行われた第11回世界柔道選手権大会で、95キロ超級の山下泰裕はじめ日本選手が4階級で優勝して気を吐いた。タイミングのいい新雑誌の創刊だった一方で、ベースボール・マガジン社は"市民スポーツ"の育成、発展に尽力する姿勢をさらに強化していた。3月、『バドミントン・マガジン』の創刊が、その象徴だ。

　当時の小口政雄・日本バドミントン協会理事長が語っている。

「バドミントンの愛好者は全国で 200 万人、文部省からの報告によると、小学生に一番人気があるスポーツという。昨年末から今年にかけて念願の日本リーグ発足、ワールドカップ大会も 2 回目を迎えてすっかり定着、この 4 月には日中競技も復活、来年（1981 年）のユーバー杯に備える体制を作っているところだから、バドミントン・マガジンの創刊は嬉しい」

　池田も次のように「創刊のあいさつ」を各界に送った。

「世界のトップとして日本選手が活躍する種目は、残念ながら年々少なくなっている現状ですが、その中で変わらぬ強さを誇っているのがバドミントンといえるでしょう。過去いくたびか日本選手の手に輝いているユーバー杯はすっかり有名になっていますが、来年には東京でこの国際大会が開かれる予定になっています。スポーツ・体育の総合出版社として、体力づくり、スポーツの普及のために雑誌・書籍の出版を通じて側面からの援助をしてきた弊社ではバドミントンに対する湧き上る希望と増大する関心に対応するべく、新しい月刊雑誌『バドミントン・マガジン』を創刊することになりました」

　1983 年（昭和 58 年）。プロレスブームに火をつけたのが『週刊プロレス』だ。7 月 28 日発売され、2 号、3 号…とアッという間に各号とも完売されるという勢いを得た。『週刊プロレス』が発刊 3 周年を迎えた 86 年、記念のテレフォンカードを発行した 7 月から 8 月にかけて再び全国的な「格闘技書フェア」が流行、プロボクシングにも WBC 世界 J ウエルター級チャンピオン・浜田剛志が誕生、ますます活気づいていた。そういう流れが「週刊プロレス増刊」から独立した『格闘技通信』（87 年 3 月創刊）を生んだ。

　その『格闘技通信』第 1 号誌上に掲載された「格闘技、見る！から、やる！時代へ。まず道場へ行ってみないか」という格闘技連盟・道場ガイドには、全国の空手、キック・ボクシング＆マーシャル・アーツ、シュート・ボクシング、シューティング、少林寺拳法、サンボ、合気道、中国拳法、古武道など種々の道場がズラリと並び、各格闘技大会のスケジュール表は年末までびっしり埋まっていた。

　87 年 10 月に創刊されたのが『コーチング・クリニック』（隔月刊）だ。創刊にあたって、池田恒雄社長は次のようにあいさつしている。

「東京オリンピック（64 年）当時、小社ではアメリカ・スポーツ界の最高権威誌といわれた "The Coaching Clinic" の主要内容を中心とした『コーチング・クリニック』という月刊誌を発行しておりました。オリンピックをめざし、国が一体となり強化に努めたものの思うような結果を出せなかった種目もあり、それを機

に、日本スポーツ界の根本的革新が叫ばれた時代でありました。（略）このようなとき、私どもは世界各国の体育・スポーツ誌の中から有益な情報を選び出し、日本の現状と照し合わせた解説を添え、現場に役立つコーチング雑誌の発刊を決定いたしました。特にわが社独自のルートによって入手可能な東ヨーロッパ、ソ連、中国の情報も数多く紹介していきます」

　90年（平成2年）、この年、ふたつの創刊号が出た。ひとつが『Baseball Clinic（ベースボール・クリニック）』。「野球をプレーする若い選手たちに新しい技術指導法の情報を提供する、正しい野球指導専門誌」だ。創刊号の特集は「無限の可能性を秘めた戦力をどう指導するか、新入生・15歳」。トレーニングの内容、医学、栄養、心理など多角的に「15歳」をとらえた。特別インタビューで日本高等学校野球連盟・牧野直隆会長は「甲子園に出場できなくても、野球指導で人間造りはできる、だから……」と指導者の重要性を説いて『ベースボール・クリニック』の創刊を喜んでくれた。

　もうひとつ新しいスポーツ誌が誕生した。社団法人・日本綱引連盟の機関誌『綱引マガジン（TUG OF WAR MAGAZINE）』だ。

　創刊号の特集は「日本列島・綱引の輪（全国綱引クラブ紹介）」、全国各地区選手権大会の詳報に、ここでも「綱引競技の技術」、「綱引の体力づくりトレーニング」などの技術指導講座に力点をおいていたし、「綱引応援席」の第1回登場人物が、元巨人―阪神投手、スポーツ・キャスターの小林繁氏だったことは多くの人々を驚かせた。

會津八一の教え「学規」四カ条

「内村鑑三先生の著書に、『地を離れて人なく、人を離れて事なし』という言葉があり、『事を成すは人であり、人は郷土が生むものである』と書かれています。まさにその通り。私の中には、いつもふるさと新潟が脈打っている」

　池田恒雄は、1911年（明治44年）5月3日、新潟県北魚沼郡小出町本町（現・魚沼市小出町）に生まれた。冬は積雪が4メートルを超える豪雪地帯。幼い頃、池田少年は母親にたずねたことがあった。

「なんでこんなところに住んでいるの？」。母は、「雪国の春があるから」と答えたそうだ。

　遅い春がくると、雪解けの田んぼ道のいたるところからフキノトウが元気に顔をのぞかせて、ブナの木が目にしみるほどの新緑をふき出し、残雪の越後三山（八

海山、越後駒ヶ岳、中ノ岳）が輝いて見えた。池田は、困難に直面するたびに、
この「母の言葉」を思い出したという。

會津八一（号・秋艸道人）の『学規』には、こうしたためられている。

一、ふかくこの生を愛すべし

一、かえりみて己をしるべし

一、学藝を以て性を養うべし

一、日々新面目あるべし

池田恒雄が学生時代から座右の銘としてきた言葉で、明治から昭和半ばの歌人
で美術史家の會津八一が、かつて私塾「秋艸堂」の塾則として学生に示した四カ
条である。

ベースボール・マガジン社社章の由来

ベースボール・マガジン社は 1961 年（昭和 36 年）、創立 15 周年を記念して、
朝倉響子作の「ミロンの円盤投」の模像を記念品として社員、関係者に配った。
そのデザインを「ベースボール・マガジン社社章」とした。

以下が記念品に添付した創業者・池田恒雄執筆による説明文。

「このブロンズは、彫塑界の俊英・朝倉響子先生に作製していただいたミロンの
『円盤投』の模像であります。

神々をつくる時代と呼ばれている紀元前五世紀の半ば、ミロンが神々のなかに
理想とする人間像を求めて、みごとに道中の静を的確にとらえたのがこの『円盤
投』であると言われております。

思うに、オリンピア競技に参加した競技者たちは、ミロンと同じくノミの代わ
りに己の肉体をもって、それを具現しようと努めたのでありましょう。そして、
その当然の結果として、彼らの肉体には崇高さと厳格さとがにじみ出ていたに違
いありません。

こうして二千数百年前、ゼウスの神殿の前で示した彼らの気高い努力にあやか
ることを念ずるわが社は、ミロンの『円盤投』を社のマークとして、日本のスポ
ーツ・体育の正しい発展のために貢献する決意を新たにしております」

その創立の精神は70有余年経過したいまも脈々と生き続けている。（文中敬称略）

☆本稿は弊社創立 70 周年を記念して 2016 年に発刊された社史から池田哲雄が抜粋（一部
加筆再構成）いたしました。

プロ野球の投手に見る働き方改革

井上俊也
大妻女子大学

1. はじめに

　経営管理の世界において日本が最も欧米諸国と異なるのは人材マネジメント（Human Resource Management）の分野であろう。しかし、日本経済の強さと特異性の象徴であった人材マネジメントも日本人の働き方とともに変化してきた。2018 年には「働き方改革関連法」が成立し、法制度も人材マネジメントの変化を後押ししている。また、これはビジネスの世界だけではない。野球の世界でも「権藤、権藤、雨、権藤」や「神様、仏様、稲尾様」と言われた時代と、投手の分業制が確立し、先発投手だけではなく、救援投手もローテーション制が確立している現在では投手を中心とする選手の働き方も大きく変化している。権藤博や稲尾和久の活躍に導かれた高度経済成長期の日本人の働き方と、大谷翔平や佐々木朗希にあこがれる Z 世代の日本人の働き方も大きく変わっている。

　人材マネジメントの中でも話題となっている「働き方改革」がスポーツの世界でどのように進展しているのか、2018 年に成立した「働き方改革関連法」の軸となっている「長時間労働の是正」「多様な働き方」「高度プロフェッショナル制度」という観点からプロ野球の投手を事例として分析したい。

　日本では「野球は文化である」と言われるが、野球というスポーツを働き方改革という観点から考えることは、社会全体の働き方改革を考えることになるはずである。

2. 働き方改革と働き方改革関連法

　働き方改革という言葉をよく見聞きするが、一般的には「長時間労働の是正（労働時間の短縮）」が「働き方改革」ととらえられている。

　人材マネジメントの世界では「働きがい」は「仕事のやりがい」と「働きやすさ」の両方がそろっている状態であると言われる。「働きやすさ」とは快適に働き続けられる就労条件や報酬など、目に見えやすいが、「仕事のやりがい」は仕事に対するやる気やモチベーションなど、目に見えにくいものである。結局、それぞれの職場では、働き方改革は「仕事のやりがい」に関する施策に取り組むよりは、主に「働きやすさ」として「労働時間の短縮」「有給休暇の取得率」などの労働条件に関する施策に取り組んでいる。

　これは職場のレベルだけではなく政策や法制度も同様である。安倍晋三内閣時代の 2018 年に「働き方改革関連法」が成立した。しかし、時代をさかのぼると、安倍晋三元首相は 2006 年から 2007 年の第一次内閣時も労働ビッグバン構想を検討していた。労働ビッグバンは長期化するデフレ期の労働市場の改革を目指した。デフレで増加したニートやフリーターの自立を促す一方、競争力を高めるためのホワイトカラーエグゼンプション（頭脳労働者を既存の労働法の対象から外す）を提唱し、就職難からの脱却、再チャレンジの支援、ホワイトカラーの生産性の向上を目的とした。具体的な施策としては、同一労働同一賃金、キャリア教育の推進、新卒一括採用の見直しなどがあったが、短命政権に終わり、志半ばで退陣した。これらの政策のうち、その後の政権で実現したもの（福田康夫政権下において有期労働契約の無期転換申込権、民主党政権下においてパート社員の厚生年金の適用）もあるが、2012 年に返り咲いた安倍晋三元首相は再びこの問題に取り組んだ。ホワイトカラーエグゼンプションについては「残業させ放題」という批判が多く、高度プロフェッショナル制度へと姿を変えて再検討したが、難航した。憲政史上最長政権であり、2 回にわたって政権に就いた安倍晋三元首相が第一次政権時に構想を持ちながら実現できず、第二次政権時の 2018 年にようやく成立させたのが「働き方改革関連法」である。この内容は多岐にわたるが、長時間労働の是正だけではなく、多様な働き方の推進、同一労働同一賃金に象徴される公正な待遇の確保、これらの点は社会から働き方改革として認識された。しかし、高度な専門知識を持ち、一定以上の年収を得ている労働者の労働時間の適用

を除外する高度プロフェッショナル制度が評価されたとは言い難い。結局、労働ビッグバン構想時にはメニューに入っていなかった長時間労働の是正、労働ビッグバン構想以前から課題となっていた有給休暇の取得義務が働き方改革法案では社会では評価されることとなった。

　このように政策や、それを実現する支えとなる法制度を見ても社会では働き方改革＝長時間労働の是正ととらえられているのである。

3. 大谷翔平、佐々木朗希と働き方改革

　働き方改革が長時間労働の是正ととらえられている中で、プロ野球界に戻ろう。先発投手として週に1回のペースで登板し、それ以外の試合では指名代打あるいは野手として出場するだけではなく、指名代打制が採用されていても、投手として出場する試合でも打席に立つこともある大谷翔平は働き方改革とは逆の位置に存在するように見える。一方、高校時代に、夏の選手権大会の県予選の決勝で登板を回避し、プロ入団後も十分な期間を経て試合に出場し、完全試合を達成した次の試合でも試合終盤まで1人の走者を許さないまま途中降板した佐々木朗希は働き方改革を象徴する存在と言えよう。

　そして双方に言えることであるが、投球回数、登板間隔などの「働きやすさ」に関する環境は昭和の頃とはまさに隔世の感がある。成長期の選手による小中学生の大会や高校野球だけではなく、世界のトッププレーヤーが争うWBCでも球数制限や登板間隔に関する規制が導入された。働き方改革関連法の言葉を使うならば球数制限は労働時間の上限規制であり、登板間隔に関する規制は勤務間インターバル制度に相当する。これまでに多くの投手が若年時の登板過多で選手生命を縮めてきた中で、傑出した才能を持つ佐々木朗希が故障せず、トップ選手の多くが少年時代「エースで四番」でありながら、どちらか一方に専念している中で大谷翔平が「エースで四番」を続けており、働き方が変容していることを認めることができる。

4. 野球という競技の特殊性と働き方改革

　野球という競技は「働き方」という点ではかなりユニークである。基本的には投手と打者の1対1の戦いであり、投手が打者に球を投げて試合が動く。団体ス

ポーツにおいて 1 対 1 という局面になることは少なくないが、野球の場合はその
ウエイトが大きい。さらに、投手対打者という戦いを考えると、打者が順次交代
していくのに対し、投手は基本的には変わらず、同じ投手がさまざまな打者に対
峙するという試合形式であり、負荷がかかる投手の役割は大きい。投手以外と投
手では運動量が異なり、投手以外は連日同じメンバーが試合に出場し、投手だけ
は間隔をあけて出場することになる。特に先発投手に関しては連続して先発投手
を務めることはまずない。現在の野球では、試合ごとに先発投手が異なることに
加え、試合の中で投手交代が行われるのが通常であり、複数の投手で 1 試合を完
結することが大多数である。したがって、選手起用という観点で、どの投手を先
発させ、どのタイミングで交代させるのか、という監督の投手起用は極めて重要
である。

　投手の果たす役割の大きい競技である野球においては、投手が対峙する打者と
の力関係だけではなく、投手の労働量（運動量）を考慮した選手の起用や交代が
あり、野球という競技の魅力となっているのである。

5.　投手の職務の変化がもたらした働き方改革

5.1 「権藤、権藤、雨、権藤」と「神様、仏様、稲尾様」

　大谷翔平と佐々木朗希という現在活躍する投手について紹介したが、投手の働
き方は大きく変化してきた。

　高度経済成長期前の投手を表す言葉に「権藤、権藤、雨、権藤」と「神様、仏
様、稲尾様」がある。権藤とは 1961 年に 69 試合に登板、投球回数はリーグ最多
の 429 回 1/3、そして 35 勝をあげた中日の権藤博のことである。権藤博は社会人
野球のブリヂストンから入団した新人投手であり、夏場の 8 月は 14 試合に登板
し、そのうち 8 試合は完投している。この連投で権藤博がつぶれてしまうのでは
ないかと他チームの選手が心配した言葉が、「権藤、権藤、雨、権藤」という流
行語になった。その危惧の通り、権藤博の野球人生は短く、新人の時こそ、最多勝、
最優秀防御率（1.70）とタイトルを獲得し、新人王、沢村賞に輝き、2 年目も 30
勝をあげ、2 年連続で最多勝を獲得したが、その後は登板過多からくる肩痛によ
り、3 年目は 10 勝、4 年目は 6 勝となり、5 年目の 1965 年には野手に転向した。
「神様、仏様、稲尾様」と言われたのが西鉄の稲尾和久である。1958 年のペナ
ントレースでは 72 試合に登板、33 勝 10 敗という成績で最多勝、最優秀防御率

(1.42)、最優秀選手というタイトルを獲得し、パシフィックリーグで優勝する。巨人との日本選手権シリーズ、西鉄は3連敗から4連勝で日本一となったが、稲尾和久は6試合に登板して4勝2敗、稲尾和久のシリーズであり、新聞は「神様、仏様、稲尾様」という見出しで栄誉をたたえた。ただ、稲尾和久も登板過多がたたり、選手生命は権藤博ほど短くはなかったものの、肩や肘を痛めて引退している。

5.2 先発投手のローテーション制度、救援専門投手の出現

権藤博、稲尾和久だけではなく杉浦忠（南海）など短命に終わった投手の反省を受け、日本でも1960年代後半から救援専門投手という役割が出現し、先発投手についてもローテーション制が1970年代に導入された。なお、救援専門投手は米国で生まれた概念であるが、1970年代に米国のMLBにおいてフリーエージェント制度が導入されたことにより、さらにその役割分担が明確になった。すなわち、労働者（選手）側の職業（チーム）選択の自由が多様な働き方を可能にならしめたということにも注目したい。

日本では投手の分業制、先発ローテーションが1970年代に確立したとはいえ、1980年代まではまだ、先発投手が救援するケースもみられた。しかし、1990年代になると先発投手が救援投手となることは少なくなり、規定投球回に達する投手は先発を専門とする投手で占められるようになった。1990年代から現在にかけて先発投手の「職務」はあまり変わっていないといえる。本稿では日本において先発投手の職務が確立した1990年代からの調査、分析を試みたい。

6. 「働き方改革」の進展

6.1 「年間最多投球回」の推移

2. で論じたように、現在「働き方改革」は主に長時間労働の是正ととらえられている。それでは投手の長時間労働を示す指標として年間（レギュラーシーズンのみ）の最多投球回を分析してみよう。

表1が年間最多投球回の推移である。1990年代から2000年代初めにかけては両リーグとも200回を超え、最多は243回1/3である。調査期間において年間投球回が240回を超えたのは1990年の佐々岡真司（広島、240回）、野茂英雄（近鉄、242回1/3）、1993年の今中慎二（中日、249回）、野茂英雄（近鉄、243回1/3）、1997年の黒木知宏（ロッテ、240回2/3）、2001年の松坂大輔（西武、240

回 1/3）の 6 回である。

5-1. で取り上げた 1960 年前後の権藤博や稲尾和久の年間投球回は 400 回を超えており、30 年間で最多投球回は 6 割になったわけである。そして 2000 年代に入ると最多投球回は 200 回前後で安定し、40 年間で半減したことになる。さらに 1990 年代末から年間の試合数が増加していることを考慮すると 2000 年代は実質的には少なくなっていると考えられる。同時期の年間最多投球回も 1997 年の黒木知宏と 2001 年の松坂大輔、2002 年のネイサン・ミンチー（ロッテ、230 回 1/3）を除くと 200 回前後であった。

ところが、2010 年代の後半は 200 回を割り込むことになり、一気に働き方改革が進展した。もちろん、2020 年は新型コロナウイルスの感染拡大のため、試合数が 120 に減少したことはあるが、2015 年以降で年間投球回が 200 回を超えたケースは 2015 年の大野雄大（中日、207 回 1/3）と前田健太（広島、206 回 1/3）、2018 年の菅野智之（巨人、202 回）の 3 回しかない。

6.2 「規定投球回」到達者数の推移

1990 年から 2022 年までのシーズンごとの規定投球回到達者の数の推移が表 2 である。規定投球回とは最優秀防御率のタイトルの条件となるものであり、公認野球規則によって規定されている。分析対象期間において規定投球回は試合数と同じと考えて差し支えない。

規定投球回に達した投手は 1990 年代半ばから 2010 年代半ばまではそれほど減少しておらず、両リーグあわせて毎年 30 前後で推移していた。

表 1　年間最多投球回の推移

年	セントラル	パシフィック
1990	224.0	235.0
1991	240.0	242.1
1992	217.1	216.2
1993	249.0	243.1
1994	214.0	207.1
1995	213.0	231.0
1996	203.2	213.1
1997	206.2	240.1
1998	236.0	201.2
1999	203.2	212.2
2000	184.0	173.0
2001	193.2	240.1
2002	209.2	230.1
2003	207.1	204.1
2004	200.1	192.1
2005	214.2	215.0
2006	216.2	201.2
2007	209.0	213.0
2008	206.0	201.2
2009	198.1	211.2
2010	215.2	204.1
2011	216.0	232.0
2012	206.1	200.2
2013	196.1	223.1
2014	208.1	202.2
2015	207.1	194.2
2016	185.1	195.0
2017	188.0	187.2
2018	202.0	180.1
2019	177.2	180.1
2020	148.2	133.1
2021	172.0	193.2
2022	178.2	193.0

また、分析対象期間においてパシフィックリーグでは指名代打制を採用している。指名代打制の有無は、人材マネジメント的にはセントラルリーグの投手と、パシフィックリーグの投手は「職務」に差があることを意味する。一方、戦術面では、チャンスに投手に打席が回ってきた場合にやむなく代打を送る、という必要がなく、投手を交代する機会が減る。このように指名代打制の採用の有無が規定投球回の到達者数に何らかの影響を与えると思われたが、分析対象となる33年間の規定投球回の到達者の総数は、セントラルリーグ483人、パシフィックリーグ485人とほとんど差がなかった。

規定投球回到達者についてはセントラルリーグとパシフィックリーグの違いよりも、1990年代の半ばに減少したこと、そして2010年代の半ばに減少したこと、この2つの減少したタイミングに注目したい。

まず、1990年代の初めには投手の分業制が確立されていたと前述したが、実際には先発投手も救援、それも複数イニングの救援をすることがあった。当時の巨人の監督の長嶋茂雄が「国民的行事」と称した10.8決戦が良い事例で

表2 規定投球回到達者数の推移

年	セントラル	パシフィック	セパ合計
1990	21	17	38
1991	20	19	39
1992	19	21	40
1993	16	23	39
1994	18	15	33
1995	16	16	32
1996	16	20	36
1997	17	16	33
1998	19	13	32
1999	15	15	30
2000	16	13	29
2001	17	13	30
2002	16	15	31
2003	13	13	26
2004	14	15	29
2005	14	15	29
2006	17	18	35
2007	12	16	28
2008	10	19	29
2009	17	17	34
2010	12	16	28
2011	16	17	33
2012	20	13	33
2013	17	12	29
2014	15	13	28
2015	14	12	26
2016	12	14	26
2017	12	13	25
2018	8	9	17
2019	9	6	15
2020	6	8	14
2021	9	14	23
2022	10	9	19
合計	483	485	968

ある。1994 年のセントラルリーグのペナントレースは巨人と中日が 69 勝 60 敗で並び、10 月 8 日にナゴヤ球場で最終戦を戦った。勝った方が優勝（引き分けの場合は、当時は再試合）という試合、巨人は先発の槙原寛己を 2 回途中で降板させ、2 日前の試合で 6 イニングを投げた斎藤雅樹を救援に送り 5 イニングを投げ、7 回からは 3 日前に 8 イニングを投げた桑田真澄が登板して 3 イニングを投げ、巨人が勝利した。シーズン最終戦で優勝のかかった大一番という例外的な状況ではあるが、当時はこの先発三本柱の継投を違和感なく受け入れたのである。

　1990 年代は先発投手が試合展開によって救援をするケースもあった。また、現在では救援投手も中継ぎと抑えに分化しており、1 イニングのみを投げることが多いが、1990 年代までは救援投手は複数イニングを投げることも多かった。救援投手が規定投球回に達し、1992 年の盛田幸妃（横浜大洋）、1994 年の新谷博（西武）のように最優秀防御率のタイトルを獲得したこともある。

　1990 年代半ば以降、先発投手のローテーションも中 6 日（週に 1 回）が定着し、ローテーションに入っている先発投手は先発以外で登板する機会はほとんどなくなった。人材マネジメント的には先発投手の職務が明確化し、勤務形態が固定化したのである。すなわち、週に 1 回先発し、中継ぎ投手、抑え投手につなぐまでのイニングを投げる、という役割分担が明確になった。そして最優秀防御率というタイトルも先発投手が独占するに至った。先発投手の職務が明確となった1990 年代半ば以降は最多投球回も規定投球回到達数もほぼ安定した数字を示してきた。

6.3 2010 年代半ば以降の先発投手の変化

　ところが、1990 年代半ば以降は安定した数字を示してきた最多投球回も規定投球回達成数も 2010 年代半ば以降、大きな変動が見られた。最多投球回は 200 回に届かないことがほとんどであり、規定投球回に達した投手の数は 20 人に満たないことが多くなった。

　先発投手の職務にどのような変化があったかを見るために、規定投球回に達した投手の登板回数と先発回数、投球回数に着目した分析を試みたい。

　表 3 は規定投球回に達した投手の登板数、先発数、その差分の推移である。例えば 1990 年のセントラルリーグの場合、規定投球回に達した 21 人の投手の登板数の総和は 613 であり、そのうち 448 が先発であった。すなわち、差分の 165 は先発以外での登板となる。この時代はまだ先発投手も試合の展開によっては救援

することもあり、救援投手も複数イニングを投げることがあったため、差分の先発以外の数字の割合が多い。年を追うごとにこの先発以外の登板数の比率は小さくなっていく。2000年代になると規定投球回に達する投手が先発以外で登板することは珍しくなり、2014年にセントラルリーグで規定投球回に達した15人の投手は全員が先発でしか登板しなかった。同様の事象がパシフィックリーグでは2019年に起こった。新型コロナウイルスの感染拡大で変則日程となった2020年にはついに両リーグで規定投球回に達した14人の投手全員が先発のみの登板となった。

　これは規定投球回に達するようないわゆるエースと言われる投手が先発に専念したということを表している。人材マネジメント的に言うならば、エース級の先発投手に対する職務の限定が厳格に運用されたということを表している。

　しかし、これだけでは規定投球回に達した投手数や、最多投球回が減少したことを表していない。それを表す数字が年間の先発数である。規定投球回に達した投手の先発数の2010年以降の推移を表したのが表4である。

　2015年以降、年間の先発登板数が減少し、2022年の先発数はセントラルリーグは21.40回、パシフィックリーグは22.00回と新型コロナの影響で試合数が120だった2020年を除くと最低の数字になっている。すなわち、2015年以降の各チームの規定投球回に達するような主力先発投手は登板（先発）の機会が少なくなったことを表している。

　他方、2010年以降に先発投手が平均して1試合当たり何イニング投球したかの推移を示したのが表5である。これを見ると、増減しておりそのトレンドは明らかではない。

　この表4、表5のとおり、規定投球回に達した投手の数、最多投球回が減少してきたのは主力投手の登板（先発）回数が減少してきたことがその要因と考えられるが、どのように減少したのかについて6-4.で分析を進めたい。

6.4　先発ローテーションの間隔とスライド登板の変化

　2015年と2022年の規定投球回に達した投手が、どのようなパターンで先発していたかを比較したい。まず、分析の前提となる数字をまとめておくと、規定投球回到達者数は2015年はセントラル：12人、パシフィック：14人、合計：26人であるのに対し、2022年はセントラル：9人、パシフィック：10人、合計：19人とほぼ7割になっている（表2）。また、規定投球回到達者の1試合当たり

表3　規定投球回到達投手の登板形態の内訳の推移

年	登板数 セントラル	先発数 セントラル	差分 セントラル	登板数 パシフィック	先発数 パシフィック	差分 パシフィック	登板数 セパ合計	先発数 セパ合計	差分 セパ合計
1990	613	448	165	459	410	49	1072	858	214
1991	589	489	100	489	428	61	1078	917	161
1992	578	452	126	568	478	90	1146	930	216
1993	439	388	51	586	543	43	1025	931	94
1994	511	419	92	403	341	62	914	760	154
1995	461	377	84	416	386	30	877	763	114
1996	447	382	65	533	484	49	980	866	114
1997	478	413	65	476	391	85	954	804	150
1998	506	473	33	363	312	51	869	785	84
1999	405	379	26	392	383	9	797	762	35
2000	414	382	32	344	305	39	758	687	71
2001	463	430	33	366	334	32	829	764	65
2002	433	424	9	419	371	48	852	795	57
2003	358	335	23	371	327	44	729	662	67
2004	357	342	15	358	338	20	715	680	35
2005	377	367	10	378	364	14	755	731	24
2006	465	449	16	448	436	12	913	885	28
2007	331	320	11	427	394	33	758	714	44
2008	268	266	2	502	459	43	770	725	45
2009	455	445	10	428	406	22	883	851	32
2010	320	313	7	435	414	21	755	727	28
2011	444	433	11	432	428	4	876	861	15
2012	526	518	8	330	325	5	856	843	13
2013	455	429	26	324	313	11	779	742	37
2014	384	384	0	332	330	2	716	714	2
2015	370	367	3	304	300	4	674	667	7
2016	305	303	2	351	349	2	656	652	4
2017	295	292	3	322	321	1	617	613	4
2018	216	205	11	226	218	8	442	423	19
2019	232	231	1	144	144	0	376	375	1
2020	120	120	0	156	156	0	276	276	0
2021	220	220	0	348	340	8	568	560	8
2022	238	214	24	218	198	20	456	412	44

表4　規定投球回到達投手の平均先発数の推移

年	セントラル	パシフィック
2010	26.08	25.88
2011	27.06	25.18
2012	25.90	25.00
2013	25.24	26.08
2014	25.60	25.38
2015	26.21	25.00
2016	25.25	24.93
2017	24.33	24.69
2018	25.63	24.22
2019	25.67	24.00
2020	20.00	19.50
2021	24.44	24.29
2022	21.40	22.00

表5　規定投球回到達投手の1試合あたりの投球回数の推移

年	セントラル	パシフィック
2010	6.39	6.44
2011	6.50	6.90
2012	6.37	6.79
2013	6.13	6.38
2014	6.45	6.47
2015	6.61	6.46
2016	6.40	6.62
2017	6.17	6.59
2018	6.25	6.45
2019	6.44	6.56
2020	6.74	6.47
2021	6.22	6.25
2022	6.55	6.51

の投球イニング数は2015年はセントラル：6.61、パシフィック：6.46であるのに対し、2022年はセントラル：6.55、パシフィック：6.51とほぼ変わらない（表5）。そして規定投球回数到達者の平均先発回数は2015年のセントラル：26.21、パシフィック：25.00から2022年にはセントラル：21.40、パシフィック：22.00と減少している（表4）。

　2015年と2022年において規定投球回に到達した投手の開幕から交流戦開始までの2か月における先発登板の間隔を分析した。ここで登板間隔は、前回先発してから次に予告先発するまでの期間と定義した。これは雨天などにより、試合の前日に予告先発となっても試合当日に中止となるケースがあるからである。また、交流戦に入ると試合の組み方が各リーグの試合と異なるので、セントラル・パシフィックのペナントレースを対象とした。

　開幕から2か月で各チームとも50数試合を消化した段階での先発の間隔は表6の通りである。先発投手のローテーションは中6日と言われるが、2015年は中5日が2割もあったのに対し、2022年になると1割を切っている。結果的には中6日の割合が2015年の62.8％から2022年には69.4％と増加している。

　そして、投手の先発登板の数を減らすもう1つの要因が雨天などによる中止である。試合の前日に先発投手が予告された後に、中止となった場合、その翌日に

スライド登板すれば登板数の減少は限定的であるが、スライド登板しなかった場合は先発登板数が減少することになる。

予告先発が発表されてから中止になったケースは2015年は7回、2022年は9回あった。いずれもその中止となった翌日に試合が予定されていたが、翌日に先発投手がスライドしたケースは、2015年は7回中5回あったが、2022年は9回中5回だけになった。ス

表6　2015年と2022年の交流戦前までの先発の間隔

	2015年		2022年	
	頻度	割合	頻度	割合
中3日	1	0.5%	0	0.0%
中4日	2	1.0%	1	0.8%
中5日	40	20.9%	12	9.9%
中6日	120	62.8%	84	69.4%
中7日	16	8.4%	10	8.3%
中8日	2	1.0%	2	1.7%
中9日	1	0.5%	4	3.3%
中10日以上	9	4.7%	8	6.6%
合計	191	100.0%	121	100.0%

ライド登板することは当該投手だけではなく投手陣全体のコンディショニングにかかわることである。また、ローテーションが確立しているので興行的にも影響がある（例えば、日曜日に先発予想される投手を見るためにチケットを前売りで購入しても、前日の土曜日の試合が雨天中止となり、土曜日に先発予定の投手が日曜日にスライドすると、お目当ての投手を見ることができなくなる）。

このようにローテーションの間隔が長くなった（正常化した）こと、そしてスライド登板が少なくなったことが、投手の先発登板数を減らしているのである。

人材マネジメント的には1日当たりの労働時間が減少したのではなく、働き方改革関連法で導入された勤務間インターバルが長くなったこと（中6日が標準であるならば正常化）、不規則な勤務形態（スライド登板は休暇を取った翌日の休日出勤）が減少したことを意味している。

7.　働き方改革から見るプロ野球の特殊性

働き方改革は長時間労働の是正ととらえられていることを前提としているが、一般の職場とプロ野球界には大きな違いがある。一般の職場の場合は事業所としての労働量が増えることにより、残業時間が月間100時間というような長時間労働が起こり、問題が起こるが、プロ野球の場合は事業所であるチームとしての総労働時間はほぼ一定と考えてよい。プロ野球の所定労働時間ともいえるペナントレースは143試合であり、個々の試合を見れば、延長戦という残業や、降雨コー

ルドという早退もあるが、基本的にホームゲームの場合は9回、ビジターゲーム
の場合は8回もしくは9回、投手は労働し、それが年間に143試合ある（オール
スターゲームやポストシーズンのクライマックスシリーズ、日本選手権シリーズ
については除く）。人材マネジメント的には事業所としての総労働時間は一定で
あり、それをワークシェアする。すなわち、仕事量の増加に対応して残業、アル
バイトやパートの雇用、外部への委託をするのではなく、一定の仕事量を正社員
と言える支配下登録している選手でやりくりするのがプロ野球の監督の人材マネ
ジメントである。

　職場としての総労働時間がほぼ一定であるということはプロ野球の特殊性であ
る。交流戦を含むペナントレースが143試合であるが、この間に行われる他の試
合はオールスターゲーム2試合だけである。また、チームの成績によって出場で
きるクライマックスシリーズ、日本選手権シリーズはペナントレース143試合が
終わってから行われる。そして日本代表としてWBC、オリンピック（パリ大会
では実施されず）、その他の強化試合があるが、WBCやその他の強化試合はプレ
シーズンまたはポストシーズンに開催される。

　米国のMLBの場合も、個々の試合に関する延長戦などの規程は異なるが、レ
ギュラーシーズン中に、オールスターゲーム（1試合）だけが行われるという点
は日本と同じである。

　これを他の競技と比べてみよう。サッカー（Jリーグ）の場合は、リーグ戦に
加えて、並行してカップ戦である天皇杯、リーグカップであるルヴァンカップ、
国際大会であるアジアチャンピオンズリーグが開催され、選手によっては国の代
表として国際試合に出場する。チームレベルでも選手という個人レベルでも労働
量（試合数）が異なる。

　欧州サッカー界はさらに顕著である。欧州のトップクラスになると、国内リー
グ戦で40試合弱、それに加えて国内カップ戦、リーグカップ戦が行われ、さら
に国際試合に目を転じると、UEFAチャンピオンズリーグはグループリーグで6
試合、決勝トーナメントで最大7試合、さらに代表の国際試合も年間10数試合
行われる。強豪チームに所属する代表選手は、弱小チームに所属し、代表に入っ
ていない選手の2倍の数の試合をこなす。成績が良いほど試合数が増え、成績の
良いチーム、選手は試合数も多くなるが、それに応じて収入も多くなるという仕
組みである。もちろん、一部の選手に負荷がかかることは選手にとってもチーム
にとっても望ましくなく、有力チームはターンオーバー制を導入している。

　1990 年代に UEFA チャンピオンズリーグが現行の形式になってから、有力チームの有力選手の過重労働が問題となった。ビッグマネーが動くようになった UEFA チャンピオンズリーグの日程を簡素化し、代表戦については、それまでは招集のたびに 1 試合しか行われていなかったが、複数の試合を集中して行い、招集回数を減少するなど日程面の変更を行っている。国内タイトルについてもリーグカップを取りやめる動きがある。

　欧州ではラグビーも同様である。国内のリーグ戦、欧州でのカップ戦、代表戦という 3 種類の試合がシーズン中に行われる。2022 年 7 月に来日したフランス代表チームは、主力メンバーが不在で「二軍」と評されたが、これは正しくない。9 月に始まり、6 月に終わるシーズンにおいて、所属チームならびに代表チームで合計 2000 分以上試合に出場した選手は 7 月の日本遠征のメンバーから外すと、3 月にシックスネーションズが終了した時点でフランスのヘッドコーチのファビアン・ガルチエは発表していた。ファンお目当てのアントワン・デュポンもロマン・エンタマックも来日しなかったが、彼らの所属しているトゥールーズは強豪クラブであり、国内リーグ戦に加え、サッカーの UEFA チャンピオンズリーグに相当する欧州ラグビーチャンピオンズカップにも出場し、準決勝に進出した。さらにこの 2 人はフランス代表のハーフ団を組み、シーズン中の出場時間数が 2000 分を越えており、日本遠征のメンバーから外れた。日本遠征のメンバーのうち、シックスネーションズの優勝メンバーは 10 人しかおらず、「二軍」と言われた。しかし、これは働き方改革の結果であり、例えば、代表チームの主将でありながら、2021 年から 2022 年にかけてのシーズンを負傷で棒に振ったシャルル・オリボンはメンバーに入っていた。

　シーズン中の総労働時間（試合数）がチームレベルでも個人レベルでもほとんど変わりがないことが野球界の特徴であると言えるであろう。

8.　エースとその他の投手のワークシェアリング

　シーズン中の総労働時間（試合数）がチームや選手によって異なる他競技は、一般の職場と似ている。仕事量が変動し、その対応のために特定のメンバーに負担がかかり、過重労働となるという構図である。それを防ぐために一般の職場であれば、業務の見直しをすることはもとより、必要に応じて労働力を調達する。

　一方、プロ野球の場合、シーズン中の仕事の総量はチームレベルでは変わらな

い。その固定された仕事量を、特に運動量の多い投手に関してどのように割り振るかというワークシェアリングという観点で選手を起用することになる。

　さて、紹介した規定投球回に達する投手は、先発という職務に専念し、その労働量（投球回数、登板数、先発数）が減ったことは他の投手の労働量が増えたことを意味している。これを可能にするのは規定投球回には達しないが、ローテーション入りして「試合を作れる」ピッチングスタッフを数名そろえること、そして先発投手が6回や7回でマウンドを譲ることのできる複数の救援投手（中継ぎ、抑え）をそろえることが条件となる。救援投手に関してはかつてのように規定投球回に達する可能性は低いが、その働きに応じたタイトル（中継ぎは最優秀中継ぎ投手、抑えは最多セーブ投手）も設けられ、多様な働き方に対して名誉と賞金という外部報酬が準備されている。

　現状では規定投球回に達するエース級の先発投手は各チームに1人ないしは2人おり、それ以外の先発投手、中継ぎ、抑えと言った救援投手のレベルが担保されたことにより、規定投球回に達するエース級の先発投手の働き方改革が進んでいると言える。

　ここでエースという表現を用いたが、5-1. で紹介した権藤博や稲尾和久の時代、エースはかなりの頻度で先発し、さらに救援もしていた。その後、1970年代に先発ローテーション制が確立し、エースの登板頻度は少なくなる。さらに、救援専門投手が出現し、1980年代には機能分化が進んだが、先発投手も試合展開に応じて救援することがあった。2000年以降、救援投手の中継ぎと抑えの機能分化もあり、先発ローテーション入りする投手は先発に専念するようになった。

　そして現在、そのエースと言われる先発投手は登板数が少なくなり、他の先発投手とワークシェアすることになったのである。

9.　おわりに

　2-2. で論じた通り、働き方改革関連法の中で「長時間労働の是正」に関しては社会の理解を得たが、「多様な働き方」については非正規労働者の処遇が法律に盛り込まれたが、社会問題となっている。一方、「高度プロフェッショナル制度」については、安倍晋三第一次内閣時代に労働ビッグバンで提唱されたホワイトカラーエグゼンプションが「残業させ放題」との批判を浴びて形を変えて成立したものであるが、「長時間労働の是正」「多様な働き方」の陰に隠れている。

　最後に、現状の投手の状況を「働き方改革関連法」の枠組みに即して表してみよう。

　「多様な働き方」の象徴が救援投手であり、1970 年代に誕生した救援専門投手は、その後、中継ぎ投手と抑え投手に分化している。現在の戦術では規定投球回に達する可能性は低く、勝ち星が付くケースも限定的であるが、中継ぎ投手に関してはホールドという業績評価指標が設けられ、最優秀中継ぎ投手という表彰制度がある。抑え投手に関してもセーブという業績評価指標と最多セーブ投手という表彰制度があり、事業環境ともいえる戦術面の変化に合わせて、ホールドやセーブの定義も変化させている。多様な働き方を評価指標で可視化し、タイトルという報酬にしたことは評価されてしかるべきである。米国でフリーエージェント制度が多様な働き方である救援投手の地位を高めたように、日本においても選手が職業（チーム）を選択することのできるフリーエージェント制は救援投手も対象であり、多様な働き方を推進している。その結果として伝統的な投手の役割である先発投手の負担が軽減されている。

　そして、「長時間労働の是正」に関しては先発投手だけではなく、救援投手についても連投を避けるべくローテーション制が導入されつつある。

　最後に、「高度プロフェッショナル」と言ってもよいエース級の投手、すなわち規定投球回に達するような投手についてはどうだろうか。エースがかつての権藤博や稲尾和久のような活躍を可能にするのが、ホワイトカラーエグゼンプション、高度プロフェッショナル制度であり、いわばエースエグゼンプションと言ってもよいであろう。しかし、本稿に示した通り、競争力を高め、勝利を追求し、ビッグマネーが動くプロ野球の世界でも、その方向ではなく「長時間労働の是正」に動いている。近年の政策は新自由主義をベースとしており、新自由主義を象徴する単語として、自己責任がある。野球の投手には失点だけではなく自責点という指標があり、防御率などの算定根拠となっている。自己責任を規定する指標がある競技でありながら、現在のプロ野球界は新自由主義とは逆の動きをしている。「野球は文化」であるならば、プロ野球における投手の働き方改革は見事に世論と同じ流れでなのある。

（文中敬称略）

日米球団のオーナーシップ

武藤泰明
早稲田大学

はじめに

スポーツは、普遍的なものになろうとする。いきなり分かりにくい言い方だが、つまりたとえば、競技ルールは統一される。国によってルールが大きく違うということはあまりない。そんなことをしたら、国際試合、世界選手権は開催できなくなる。スポーツの発展には、この普遍性が必要なのである。

これに対して、スポーツ「ビジネス」あるいはスポーツ「マネジメント」のほうは、国によって大きく違うところがある。

たとえば「企業スポーツ」は、世界的に稀である。おそらく先進国の中では、韓国と日本だけに見られる。もちろん、他の国でも、会社にスポーツのチームがあるというのは、ものすごく珍しいことかと言うとそうでもない。とはいえ、選手が毎日の就業をすべて、あるいは半日免除されていたり、社員とは別体系のプロ契約だったりというような、一種「やりすぎ」の待遇が用意されていることがあるのは西欧にはない仕組みであろう。

本論では、このような違いが顕著に見られる例の一つとして、日米プロ野球のオーナーシップを取り上げる。日本が米国から野球を「輸入」して150年経った。競技としては米国と同じ、つまり普遍的なのだが、マネジメントの世界に「日本的経営」があるのと同様、野球のマネジメントにも、米国と日本では大きく異なるところがある。このこと自体は、ご存じの方が多い。たとえば米国の球団オーナーは個人で、日本は企業である。

でも正確な情報は、なかなか見つからない。しておきたい、考えてみたいのは、たとえば

①オーナーシップは両国でなぜ違うのか

②それぞれ、なぜ続いているのか、違ったままなのか

③両国のオーナーシップの違いは、成果の違いをもたらしているのか

といったことなのだが、その前提として、現状を整理しておく必要がありそうだ。以下では、日米プロ野球のオーナーシップを概観する。なお、取り上げるのは主に MLB と NPB であり、両国の独立リーグと球団については検討していない。

1. 米国プロ野球のオーナーシップ

1.1 個人オーナー

まず、米国プロ野球であるが、オーナーは個人である。個人と言っても必ずしも一人ということではない。表 1 は FORBES が試算しているチームの資産価値上位の MLB チームをまとめたものだが、ニューヨーク・ヤンキースのオーナーはスタインブレナー・ファミリーであり、「スタインブレナー氏」個人ではなく、一族でオーナーになっている[1]。シカゴ・カブスのリケッツ・ファミリーも同様である。ロサンゼルス・ドジャースのグッゲンハイム・ベースボール・マネジメントはこのチームを買い取るために法人（厳密に言えば法人ではなくパートナー

表1　資産価値の大きい MLB チームのオーナー

チーム	ニューヨーク ヤンキース	サンフランシスコ ジャイアンツ	ボストン レッドソックス	シカゴ・カブス	ロサンゼルス ドジャース	ニューヨーク メッツ
順位[*1]	2	28	20	22	16	47
資産価値	52.5 億ドル	31.8 億ドル	34.7 億ドル	33.6 億ドル	35.7 億ドル	24.5 億ドル
オーナー	Steinbrenner family	Charles Johnson	John Henry, Tom Werner	Ricketts family	Guggenheim Baseball Management	Steve Cohen
取得年	1973	1993	2002	2009	2012	2020
取得価額	880万ドル	1億ドル	3.8億ドル	7億ドル	20億ドル	24.2億ドル
備考	米国の実業家	米国の実業家	米国の実業家。リバプールFCの共同オーナーでもある	米国の実業家	ドジャースを買い取るために設立された法人。	米国の投資家

＊1　FORBES による世界のプロスポーツの資産価値の順位（2021年）であり、米国4大プロスポーツの他に、世界のプロサッカー等が含まれる。

シップであると思われる）を設立し、出資者を募ったものである。のちの議論との関係で重要なのは、いずれも事業会社ではないというところである。ドジャースのオーナーは法人ないしこれに準ずる組織体だが、他に本業があるわけではなく、ドジャースを所有することを目的・本業とする法人である。

　米国プロ野球のオーナーシップにはもう一つの特徴がある。それは、マイナーリーグの球団には MLB とは別のオーナーがいるという点である。このあたりは小林（2019）で詳しく説明されているが、米国のマイナーリーグは 7 階層に分かれており [2]、それぞれのリーグに属するチームには、MLB のオーナーとは別にオーナーがいる（同じ場合もある。要は MLB のオーナーが必ずマイナーリーグまで所有しているわけではないということだ）。オーナーは MLB と同様、個人ない個人のグループである。

1.2　企業オーナー

(1)　CBS（ヤンキース）

　さて、この節の冒頭に、米国のオーナーは個人ないし個人の集まりであると書いたのだが、実は必ずしも個人ではない。いくつか目についた例を示すなら、ニューヨーク・ヤンキースのオーナーは、1964 年から約 9 年間、CBS（テレビ局）であった。ヤンキース 120 年の歴史の中で、会社がオーナーであったのはこの期間だけである。CBS の次はスタインブレナー氏で、本業は造船会社経営。その後代替わりしているが 50 年間スタインブレナー家がオーナーである。

(2)　任天堂（マリナーズ）

　シアトル・マリナーズについては、任天堂第 3 代社長の山内溥（ひろし）氏…いわゆる創業家の社長である…が、1992 年のマリナーズ経営危機に際して資金を出して共同オーナーになった。パートナーシップの持ち分としては筆頭である。その後 2004 年にこの持ち分を任天堂の米国法人が買い取っている。つまり、オーナーは山内氏個人から法人になった。そしてこの結果、シアトル・マリナーズは任天堂の持分法適用子会社になっていた。なお当該の法人は持ち分を減らしており、現在は筆頭ではなくなっているようだ。

　パートナーシップについて解説しておきたい。このマリナーズの例では、山内氏をはじめとする複数の人々がパートナーシップという一種の疑似法人に資金を拠出する。そしてパートナーシップがマリナーズに出資その他の方法で資金を提

供する。なぜ「疑似法人」なのかというと、日本的な言い方をするなら法人格がない。法人であれば、所得に応じて納税するが、所得を得るのは資金拠出者であり、その拠出者の他の所得と合算して課税される。所得がパートナーシップから拠出者に送られる（パスされる）ので、パス・スルー税制と通称される[3]。米国では一般的な組織形態である。LLP（Limited Liability Partnership）と略称される。

LLP の特徴のうち、本稿に係る点として以下がある。

・LLP の構成員は、ゼネラル・パートナーとリミテッド・パートナーとに分かれる。一般的には、ゼネラル・パートナーがパートナーシップを運営する。ゼネラル・パートナーは必ずしも資金を拠出しない。リミテッド・パートナーは会社の株主と同様、有限責任の投資家である。

・LLP の議決権は、拠出した資金の多寡によらず、LLP が自由に設計できる。株式会社なら「1 株一票」だがそれとは異なるということである。なお参考までに、日本の合同会社も議決権については任意に定めることができる。

任天堂の山内溥氏は 1992 年にマリナーズに資金を拠出する際、当初は「一人オーナー」になるはずだった。しかし MLB がこれに難色を示し、結果としてマリナーズはパートナーシップによる共同オーナーとなっている。米国・カナダ以外にオーナーシップが移転することに抵抗があったようだ。一人オーナーでは山内氏がマリナーズを経営することになる。これに対してパートナーシップであれば、たとえ山内氏の持ち分が筆頭であっても議決権は任意に設定できるし、山内氏は球団経営に関与する意志をあまり持たない（移転しないという条件はつけている。またその後の日本人選手の獲得、とくにイチローについては同氏の意志であると言われる）ので、承認されたものと思われる。

（3）ウォルト・ディズニー・カンパニー（エンゼルス）

三つ目の例は大谷翔平のロサンゼルス・エンゼルスである。この球団を 1997 ～ 2003 年に所有していたのは、ウォルト・ディズニー・カンパニーであった。テレビでアナハイムのホームスタジアムが映っているのを見ると、外野席があるはずの場所に人工的な岩が置かれている。ディズニー社のデザイナーが、ビッグ・サンダー・マウンテン等のアトラクションを模して配置したものである。すでにディズニー社はオーナーを「降りて」いるのだが、20 年後の今でも岩は残っている。

この時期、ディズニー社はプロスポーツの経営に積極的であった。同じ 1997

年に NHL（アイスホッケー）のアナハイム・マイティダックス（現ダックス）を創設、こちらは 2005 年に手放している。

(4) 日本の企業オーナーとの違い

さて、このように MLB でも企業オーナーは「なくはない」のだが、NPB のオーナーとは決定的な違いがある。米国のオーナー企業は、スポンサーになれない。より具体的には、チーム名に社名を冠することができないし、ユニフォームに社名やブランド名を入れられない。NPB のオーナーは、ある意味において、メインスポンサーでもあることが大きなメリットであろう。MLB ではそうできないということなのである。換言すれば、会社がオーナーになることに合理性がない。

ただし、ウォルト・ディズニー・カンパニーがエンゼルスのオーナーであった事例は、その後の「スポンサーシップからパートナーシップへ」というトレンドにつながるものとして位置付けることができる。同社がエンゼルスのオーナーになった目的は、ディズニー社とのシナジーである。同じアナハイムには 1955 年建設の「元祖ディズニーランド」がある。エンゼルスがロサンゼルス市から隣接のアナハイム（市）に移転したのは 1966 年である。

シナジーの詳細は未確認だが、たとえば 2002 年にエンゼルスがワールドシリーズで優勝した時には、祝勝パレードはディズニーランドで行われている。また聞く限りでは、球場でティンカーベルが飛んだ。今ならプロジェクション・マッピングでいろいろなことができるが、どうやらこのティンカーベルはワイヤーで空中を移動する実物だったようだ。シナジーは、当初の構想ほどには実現されなかったらしい。

NHL のマイティダックスについては、シナジーはもう少し分かりやすい。同チームが設立された 1992 年、ディズニー社は同名のタイトルの映画（リアル）を制作、94 年、96 年にはシリーズ第 2、第 3 作を公開している。少年アイスホッケーチームと若い監督の物語である。加えて、テレビアニメシリーズも制作、ただしこちらはアヒル（ダック）のプロ・アイスホッケーチームである。

1.3 なぜ個人がオーナーになるのか

ところで、米国ではなぜ個人がプロスポーツのオーナーになるのか。人間の気持ちの問題だとすると、こうだと断定することが難しいのだが、おそらく
・富豪の道楽

・投資ゲーム

と解釈してよい。投資ゲームも富豪の道楽かもしれない。そして野球の場合、マイナー球団と独立リーグ球団が多数ある。つまり、富豪の資産規模にもいろいろあって、それに見合うような投資対象の「品揃え」ができているということなのだろう。

小著「スポーツのファイナンスとマネタイズ」でも述べたように、米国プロスポーツのオーナーシップの経済価値（持ち分の資産価値）は、長い目で見ると上昇し続けている。近年は上昇というより高騰、あるいはバブルに近い。つまり、米国のプロスポーツへの投資は、これまでキャピタルゲインを実現してきた。だからパートナーシップの持ち分に対する需要が多い。

また、米国プロスポーツのオーナーは、単にオーナーシップに投資をして、あとは何もしないわけではない。たとえば地方政府と共同でスタジアムを建設する。あるいはチーム専属の放送局を設立する等である。つまり、オーナーはチームに投資をして、チームの資産価値を高める。すなわちオーナーは「チーム持ち分への投資」と「チームの価値向上のための事業投資」という、二重の投資をしているのである。そして後者の事業投資は、うまくいけばリターンを生む。インカムゲインもある。幸いなことに MLB のチームは 30 あり、NFL など他の種目のプロチームを加えれば 100 を超える。どこか１つのチームの事業投資とその成功は伝播しやすい。イノベーションには「同時多発する」という特徴がある。米国のプロスポーツにはその条件が整っている。

2. 日本のプロ野球球団のオーナーシップ

2.1 NPB オーナーとその推移

さて日本であるが、知られているとおり、オーナーは広島東洋カープを除き事業会社である。日本でこのオーナーシップ・モデルが成立した経緯については、本書で佐野慎輔氏が詳述しているのでそちらに譲るとして、まず例外としてのカープについて経緯を記すならつぎのとおり。

1949 地元自治体（県、市）等の出資によりチームを設立

1955 運営会社を倒産させ再設立。東洋工業、広島電鉄、中国新聞社など 13 社が出資。

1963 東洋工業松田社長がカープ社長に就任

1967　同氏が筆頭株主。チーム名を広島カープから広島東洋カープに変更

　現在も、オーナーシップの観点からは、カープは松田一族で株式の過半を所有
しており、自動車メーカーのマツダ（1984 年に東洋工業から社名変更）は、単
独の株主としては筆頭だが位置づけはいわゆるメインスポンサーである。カープ
はマツダの連結対象にはなっていない。これをプロサッカーのサンフレッチェ広
島との関係と比較してみると面白い。マツダの有価証券報告書（2022 年 3 月期）
を見ると、持分法適用関連会社として（株）サンフレッチェ広島が掲載されてい
る。資本金 220 百万円、主な事業の内容はプロサッカー球団運営、マツダの持ち
株比率は 17.1％（うち間接保有が 0.4％）、役員の兼任がある。そして注には「持
分は 100 分の 20 未満でありますが、実質的な影響力を持っているため関連会社
としております」と記載されている。現在の法令では、会社（この場合マツダ）
による他の会社（カープとサンフレッチェ）の支配は、出資比率（資本による支
配）と人的支配（役員派遣など）とで判断する。つまり、出資比率が低くても人
的支配していれば関連会社として連結するということである。サンフレッチェは
これに該当し、カープは該当しない。

　さて、他の球団のオーナーは企業である。カープほどにはややこしくないので
以下にまとめて示す。＊はオーナーの交代である。
＜セ・リーグ＞
1950　国鉄　　　　　　スワローズ
1965　産経新聞＊　　　アトムズ
1969　ヤクルト＊　　　アトムズ
1974　　　　　　　　　スワローズ（名称変更。2006 年から東京ヤクルトス
　　　　　　　　　　　ワローズ）

1947　読売新聞　　　　ジャイアンツ
1946　中日新聞　　　　ドラゴンズ（このチーム名は 1947 から）
1946　阪神電気鉄道　　タイガース

1949　大洋漁業　　　　ホエールズ
1953　松竹ロビンスと合併

1978		横浜大洋ホエールズ
1992		横浜ベイスターズ
2002	TBS ＊	
2011	DeNA ＊	DeNA ベイスターズ

＜パ・リーグ＞

1949	西鉄	ライオンズ
1972	太平洋クラブ（命名権）	
1976	クラウンライター（命名権）	
1978	西武鉄道＊	

1938	南海鉄道	ホークス（名称は 1947 から）
1989	ダイエー＊	
2005	ソフトバンク＊	

1950	毎日	毎日オリオンズ
1957	大映＋毎日＊	大毎オリオンズ（大映ユニオンズと合併）
1960	大映＊（毎日が実質撤退）	
1964		東京オリオンズ
1969	ロッテ（命名権）	ロッテオリオンズ
1971	ロッテ＊	1992 から千葉ロッテマリーンズ

1936	阪急	ブレーブス
1989	オリックス＊	
1990		ブルーウェーブ
2004		バファローズ（近鉄バファローズを吸収）

2004	楽天	東北楽天イーグルス

2.2 日本の「企業オーナーシップ」の特性

　このように、日本のプロ野球団のオーナーは企業である。例外として掲げた広島カープのマツダも、大株主が会社ではなくて松田一族であることを除くと、

他の球団のオーナーシップとほとんど変わらない。その特性をまとめれば、次のようになるだろう。

(1) オーナーであり続けている

多くの球団は、比較的長い期間、オーナーであり続けている。戦後プロ野球70年余の歴史の中で、巨人、阪神、中日はオーナーが一度も交代していない。これ以外では、スワローズ、ベイスターズ、ホークス、マリーンズ3社、ライオンズ、バファローズが2社である。きわめて安定していると言ってよいだろう。

(2) 広告宣伝

つぎに、企業はプロ野球球団のオーナーになって、何をしているのか。あるいは、何を目的としてオーナーになっているのか。ひとことで言えば、球団はオーナー企業の広告宣伝材料である。またしたがって、オーナー企業が球団に毎年投下する資金は、広告宣伝費として支出される。そして早くも1954年の国税庁通達において、オーナー企業が球団に事業費の補填を目的として支払う費用は広告宣伝費とみなしてよいとされた。

この点が、オーナーシップの語でイメージされるものとは異なる点である。NPB球団のオーナーは、メインスポンサーでもある。そしてそれゆえに、チームのオーナーとして、毎年運営費を負担し続ける。一般的な株式投資とは違い、財産として球団を取得した後に、大きなコストがかかるのである。

(3) BtoC

プロ野球球団のオーナーの業種には、特徴がある。それは、BtoCだというところである。消費財やサービスを提供している。厳密に言えば、一時ベイスターズのオーナーであったTBSは広告主企業から収入を得、視聴者からはNHKとは違って徴収していない。とはいえ、テレビ局は視聴者に見てもらうために番組を制作しているので、BtoCとみなしてよいだろう。BtoCだから、球団の広告宣伝材料としての価値を活用したいと考える。

この点は、企業スポーツと決定的に違うところである。日本の企業スポーツは、工場労働者の福利厚生を出発点としている。このため、企業スポーツを保有する会社の特徴は、「従業員が多いこと」であった。そして男子工員の多い産業と女子の多い産業では、保有する種目が異なる。製鉄など重厚長大産業は男性工員が

多いのでラグビーとサッカー、野球。自動車も同様である。繊維は女子工員が多くてバレーボール。もちろん例外もあるが、初期の企業スポーツは、プロ野球とは明らかに別の目的でチームを保有していた。

しかしこれが、1964年の東京オリンピックによって変わることになる。企業スポーツのオーナー企業は、チームの広告宣伝価値に気づいた。というより、テレビの普及とオリンピックというスポーツの祭典によって、企業スポーツが広告宣伝価値を持つに至ったと言ったほうが正確であろう。バレーボールやサッカーの試合がトーナメント方式からリーグ戦方式に変わったのは、東京オリンピックより後のことである。リーグ戦方式が採用されることにより、リーグ戦が放映されれば、自社チームは確実に露出されることになる。だからオーナー企業は、チーム運営費を支出するだけでなく、テレビ放送のスポンサーとなることによって、リーグ戦の放送、換言すれば自社チームの露出を確保した。

とはいえ、企業スポーツとプロ野球では、露出量が決定的に違う。プロ野球は年間140試合が当日の夜のニュースバラエティと翌朝のテレビ・新聞で取り上げられる。ドラフトやキャンプもある。シーズンオフにはFAやトレードがある。スポンサー費用に見合うだけの露出と話題があるということだ。

（4）内需型

つぎに、日本のオーナー企業の特徴として、BtoCであることとも、とくにかつては明確な関連があったのだが、内需型であることがあげられる。主力は新聞と鉄道である。新聞にとって、球団は紙面の話題と拡販宣材（つまりチケット等）を提供した。鉄道にとって、球団が提供したのは「目的地」である。それは必ずしも野球である必要はなく、たとえば阪急であれば宝塚歌劇団も同じである。

映画『地下鉄（メトロ）に乗って』（2006）では、主人公はタイムスリップして1969年の東京に迷い込む。私は映画をちゃんと鑑賞する習慣（というより能力）がないので細かいところは怪しいのだが、作中人物の一人が主人公の父親の少年時代の工員だか職人で、自分は休みになると地下鉄に乗って遊びに行っていた、とこれまで話をしていたのだが実はそれは嘘である。地下鉄は高いから（そんなに乗れない）と告白をするシーンがある。原作ではこの少年は見習い旋盤工で、休みになると「おかみさん」におにぎりを作ってもらい、終日地下鉄の改札にいる。彼の夢は「尾張町の十文字（銀座4丁目交差点のことである。つまりここでは、地下鉄銀座線の銀座駅）から乗って、三越に寄って、神田の地下鉄スト

アにも、それから広小路で松屋を覗いて、上野の地下鉄食堂でライスカレーを食って、浅草で活動を見る」ことである。

　電車に乗るのは、お金のかかることだったのである。念のために、1969 年の就業者のうち第一次産業（農林漁業）の割合は 19％、プロ野球が再開した直後の 1951 年は 46％である。2021 年が 3％。映画の主人公の父親は第二次産業だが、工場のそばの寮で暮らしていれば通勤は徒歩である。仕事で電車に乗る人が少ない時代に戦後のプロ野球は始まった。だから目的地が重要だったということである。

(5) 財閥系がオーナーになっていない

　さらに念のために。明治から第二次世界大戦終戦まで、大企業と言えば財閥であった。三井三菱住友である。1946 年に GHQ の命で持株会社整理委員会が設置され、この組織は数次にわたって持株会社（＝財閥）を指定して解散勧告を出し、財産を譲り受ける…はずだったのだが、東西冷戦、あるいは 1950 年からの朝鮮戦争によって様相が変わる。連合国は、極東において日本の産業とその生産力を必要とするようになった。だから解体されたのは大手財閥の本社であり、一族は経営から追われ、会社に係る資産を失った。これに対して、事業会社については三井物産、三菱商事が 100 社以上に分割された[4] ことを除けば大きな機構の変更はなかったと言ってよいだろう。

　とはいえ、敗戦からしばらくの間、旧財閥系企業は、球団保有どころではなかったはずである。一方プロ野球のほうはと言うと、

　　1936 年　日本職業野球連盟（1939 年に日本野球連盟に改称）発足

　　1945 年　日本野球連盟復活宣言

であり、戦争をしていた気配を感じない展開に思える。もちろん、戦中は英語のチーム名が禁止されて巨人軍になったりということはあった。でも戦後は GHQ が国民への娯楽提供を推奨したこともあって、1949 年には NPB が設立され、チーム数が増えて（かなりの意見対立はあったようだが）2 リーグ制になる。この 49 年に生まれたのが毎日、大洋、西鉄、近鉄、広島、国鉄、そして現在は存在しない西日本パイレーツ[5] である。

　巨大財閥に話を戻すなら、戦前においてその特徴は、内需型 BtoC が稀であったことである。住友は銅精錬と銀行、三井は銀行と商社、炭鉱、三菱は海運から始まり、鉱山、銀行、商社、やがて機械へと多角化する。つまり、「BtoC 企業と

してプロ野球を広告宣伝に活用する」という意図を持たない。

2.3 内需型 BtoC の幸運

さてこのように、親会社が内需型の BtoC 企業であったことは、プロ野球球団にとって大きな意味があった。それは、収益変動が小さかったということである。年表ふうに出来事を示す。

1972 日米繊維交渉、対米輸出自主規制

1973 第 4 次中東危機→第一次石油危機

1979 イラン革命→第二次石油危機

1985 プラザ合意、1 ドル 235 円が 2 年弱で 120 円に

1986 前川レポート（内需拡大）、12 月からバブル景気

1989 日米構造協議

　　　日経平均株価は年末に史上最高値

1991 バブル崩壊の始まり

日米繊維交渉は品目別の日米交渉のいわば始まりであり、上には記載していないがさまざまな品目、たとえば家電や自動車で日本の輸出が批判（非難）され、対応を迫られた。輸出自主規制、米国への工場進出などである。そして 85 年のプラザ合意で為替レートが激変（円高）しても日本の輸出競争力は弱まらなかったので、89 年の日米構造協議では内需拡大を約束、しかし内需が伸びなかった（輸入が増えなかった）ため、国が財政出動する。国債発行である。現在の発行残高（国の借金）は GDP の 2 倍であり先進国の中でも突出していて、どう考えても返せそうにないのだが、その契機が日米構造協議であった。

つまり、輸出主導型の産業の多くは、市場メカニズムや経済メカニズムではない自主規制や日米交渉によって、事業規模や収益が大きく変動した。また BtoB 型の産業は、BtoC と比べてそもそも変動が大きい。GDP 統計の項目の中で、変動が小さいのは個人消費支出、大きいのは設備投資である。つまり、日本のプロ野球はオーナーが内需型 BtoC 企業であったことによって、オーナーの収益変動が小さく、結果としてオーナーの交代をあまり経験せずに済んでいる。

2.4 新興オーナーの時代

とはいえ、オーナーの交代がなかったわけではない。あらたにオーナーになった企業を、年代順に並べてみる。

1957	大映	1989	ダイエー、オリックス
1965	産経新聞	2002	TBS
1969	ヤクルト	2004	楽天
1971	ロッテ	2005	ソフトバンク
1978	西武鉄道	2011	DeNA

　この中で、TBS がオーナーになった経緯はやや特殊である。1978 年、西武鉄道がライオンズのオーナーになる際、西武は同時にホエールズ株を持てないので、ニッポン放送と TBS に譲渡した。この時点ではベイスターズ（当時はホエールズ）の筆頭株主は大洋漁業なのだが、同社が経営不振で保有株をニッポン放送に譲渡しようとしたところ、ニッポン放送はフジサンケイグループである、同じグループのフジテレビがスワローズ株を持っていたためにニッポン放送へは譲渡できず、そのかわりに 3 位株主であった TBS に譲渡されたのである。つまり、TBS はいわば仕方なくベイスターズのオーナーになった。

　この TBS を除くと、1989 年のダイエー・オリックスから、2004 年の球団再編と楽天の登場まで、15 年間の「ブランク」がある。いわゆるバブル崩壊の時期と重なる。そしてこの 15 年で大洋漁業と近鉄が撤退し、その後楽天、ソフトバンク、DeNA という「新興勢力」がオーナーとして登場する。それまでのオーナー企業は、知名度やイメージが確立された会社である。しかしこの 3 社は、プロ野球のオーナーになったことによって、社会的地位を確立したと言ってよいだろう。プロ野球は、内需型 BtoC 企業の広告宣伝…現代の言葉で言えば、企業そのもののブランディング…の手段として、依然有効なのである。

　逆にいえば、すでにイメージの確立した企業は、プロ野球の球団保有に関心を示さないはずであろう。新しい、勢いのある会社がブランディングを目的としてオーナーになろうとする。日本のプロ野球のオーナーは、日本の産業構造の変化や企業の栄枯盛衰を反映しながら新陳代謝していくということでもある。

　そして、ソフトバンクはホークスを運営費最大のチームにした（つまり、カネをかけた）。楽天は、プロ野球については未だだが、サッカーについては、ヴィッセルの運営費は長らくトップだった浦和をあっさり抜き去っている。DeNA は球場経営に乗り出した。新興勢力はオーナーシップだけでなく、日本のプロ野球あるいはプロスポーツのビジネスモデルにも新陳代謝をもたらしつつあるように思われるのである。

【注】
1) 最近の報道では、日本の経営者がオーナーのパートナーシップに加わったようだ。他にも例があるかもしれない。
2) MLB 球団の参加に必ず 7 階層あるということではない。たとえばニューヨーク・ヤンキースは AAA、AA、A+、A −に各 1 チーム、ルーキーリーグについては米国内とドミニカに各 1 チームを擁している。5 階層 6 チームである。
3) なお本書に収められた小林至氏の解説によれば、チーム取得費用は全額が償却の対象となる。期間は 15 年である。パス・スルーの効果が大きいということである。ただし、償却済み資産であるチーム所有権を売却する場合はキャピタルゲインは売却価格とイコールになる（取得価格は償却されていてゼロである）ので、その時点で所得税が課税されるものと思われる（確認できる資料が見つかっていない）。
4) 住友商事は戦後設立された会社であり、解体の対象にはなっていない。
5) 西日本新聞がオーナーであり、活動は 1950 年だけであった。

【文献】
浅田次郎（1999）『地下鉄に乗って（新装版）』講談社文庫（オリジナルは 1994 年徳間書店）。
小林　至（2019）『プロ野球ビジネスのダイバーシティ戦略』PHP 研究所。
武藤泰明（2022）『財閥のマネジメント史』日経 BP 社。
武藤泰明（2022）『スポーツのファイナンスとマネタイズ』創文企画。

執筆者プロフィール

藤井　純一

1973年日本ハム入社、京都、奈良の営業所、本社営業企画、広告宣伝を経て、2000年Jリーグセレッソ大阪の代表取締役社長就任、2006年北海道日本ハムファイターズ代表取締役社長2011年近畿大学経営学部特任教授、2016年池坊短期大学学長、2018年ソルティーロ株式会社代表取締役社長。現、株式会社ホットファクトリー取締役、立命館大学スポーツ健康学部客員教授、大阪体育大学非常勤講師。著書に『日本一のチームをつくる』（ダイヤモンド社）、『監督選手が変わってもなぜ強い』（光文社新書）がある。

高柿　健

城西大学経営学部准教授、星槎大学教職科目「野球」講師、中小企業診断士、キャリアコンサルタント。広島商高在籍時に第70回全国高校野球選手権大会優勝を経験、3年時には主将。大学卒業後は広島県で教員採用され高校野球の指導者を20年務めた。岡山大学大学院で経営学を専攻（修士）し、神奈川大学大学院では経営学博士号を取得した。2011年、コーチを務めていた総合技術高が選抜大会出場。城西大学野球部長、首都大学野球連盟理事、東京大学医学部鉄門野球部戦略アドバイザーを務めている。

永森　茂

富山GRNサンダーバーズ代表取締役社長。1955年1月、富山県高岡市生まれ。早稲田大学卒。大学卒業後、会社勤務を経てコンピューター企画サービスの株式会社メディアプロ創設。2006年独立リーグの株式会社富山サンダーバーズベースボールクラブを設立し代表取締役就任、現在に至る。2009年から17年まで高岡市市議会議員を2期8年間務める。2000年富山国体軟式野球競技の記録長。2011年から富山県野球協議会委員。

村山　哲二

株式会社ジャパン・ベースボール・マーケティング代表取締役。プロ野球独立リーグ・ルートインBCリーグ代表。1964年9月19日生まれ（満59歳）、新潟県柏崎市出身。大学卒業後、自動車ディーラー、広告代理店を経て2006年7月より現職。2023シ

ーズンは、8球団でリーグ戦を開催している。

佐野　慎輔

尚美学園大学スポーツマネジメント学部教授、産経新聞社客員論説委員。1954年月富山県高岡市生まれ。早稲田大学卒。報知新聞社を経て産経新聞社入社。編集局次長兼運動部長、取締役サンケイスポーツ代表等を歴任し2019年退社。2020年から現職。傍ら笹川スポーツ財団理事、早稲田大学非常勤講師、日本アンチドーピング機構評議員等を務める。近著に『西武ライオンズ創世記』(ベースボール・マガジン社)、『2020 + 1 東京大会を考える』(メディア・パル)などがある。

小林　至

博士(スポーツ科学)、MBA。学校法人桜美林学園常務理事、桜美林大学教授、大学スポーツ協会(UNIVAS)理事。1968年生まれ。神奈川県出身。1991年、千葉ロッテマリーンズにドラフト8位指名で入団(史上3人目の東大卒プロ野球選手)。1994年から7年間米国在住、コロンビア大学でMBA取得。2002〜2020年、江戸川大学(助教授→教授)。2005〜2014年、福岡ソフトバンクホークス取締役を兼任。立命館大学、サイバー大学で客員教授。近著『野球の経済学』(新星出版)など著書、論文多数。

久保　博

1949年生まれ。東北大学文学部卒。読売新聞編集局記者、同常務取締役事業局長。読売巨人軍社長。現在(一社)日本スポーツ推進機構(NSPO)理事。(一社)日本独立リーグ野球機構(IPBL)顧問。吉本興業経営アドバイザリー委員など。産業構造審議会車両競技分科会小委員長。(財)日本スポーツ協会評議員、東京オリパラ・チケッティング戦略アドバイザー などを歴任。

西崎　信男

早稲田大学スポーツビジネス研究所招聘研究員。東京都出身。慶應義塾大学経済学部卒。博士(経営学)(長崎大学)、MBA(テンプル大学)、中小企業診断士。住友信託銀行(現三井住友信託銀行)、大和証券SMBC等を経て東海大学、上武大学、九州産業大学、東京国際大学等で教鞭をとる。在英9年(ロンドン大学LSE大学院留学、証券現地法人勤務)、投資銀行業務長い。専門はスポーツファイナンス、スポーツマネジメント。近著に『スポーツファイナンス入門—プロ野球とプロサッカーの経営学』(税務経理協会)等がある。

池田　哲雄

株式会社ベースボール・マガジン社代表取締役社長。早稲田大学教育学部教育学科卒業。昭和 59 年 1 月株式会社 ベースボール・マガジン社入社。平成 3 年 2 月週刊ベースボール編集長就任、平成 10 年 11 月代表取締役社長就任。財団法人池田記念財団理事長、社団法人 全国野球振興会理事、社団法人日本ボウリング場協会理事、学校法人早稲田大学系属早稲田実業学校理事・校友会会長、株式会社ジャパン・ベースボール・マーケティング取締役。フジ TV サテライト・サービス番組審議会委員。

井上　俊也

大妻女子大学キャリア教育センター教授。慶應義塾大学経済学部を卒業、日本電信電話公社（現・日本電信電話株式会社）入社、仏国 HEC 経営大学院卒業。NTT グループで 26 年勤務、2010 年から現職。マーケティング、スポーツビジネス、情報通信産業論が専門。日本スポーツ産業学会、日本スポーツマネジメント学会、Asian Association for Sport Management、日仏メディア交流協会に所属。主たるフィールドは仏国のサッカー、ラグビー。野球に関する文章は 52 年ぶりとなる。

武藤　泰明

早稲田大学教授。（公財）笹川スポーツ財団理事・スポーツ政策研究所長。本研究会代表世話人。

オールアバウト・ベースボール

―日本野球150年の到達点と課題―

2023年10月20日　第1刷発行

編　者	早稲田大学スポーツナレッジ研究会
発行者	鴨門裕明
発行所	㈲創文企画

〒101－0061 東京都千代田区神田三崎町3－10－16 田島ビル2F
TEL：03－6261－2855　FAX：03－6261－2856
http://www.soubun-kikaku.co.jp

装　丁	オセロ
印　刷	壮光舎印刷㈱